Questo Libro Appartient à

Colora Questa Luna

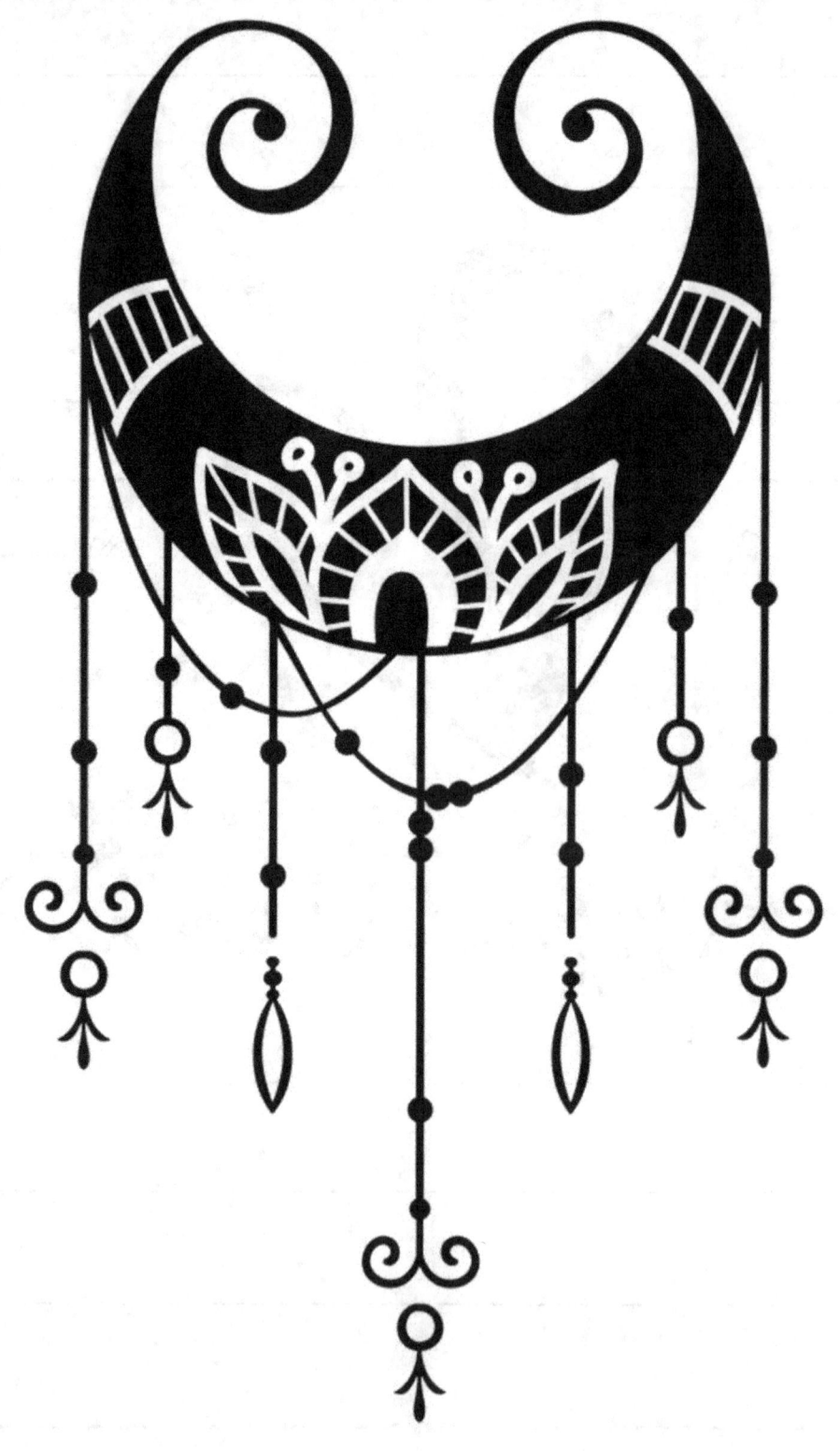

Colora Questa Luna

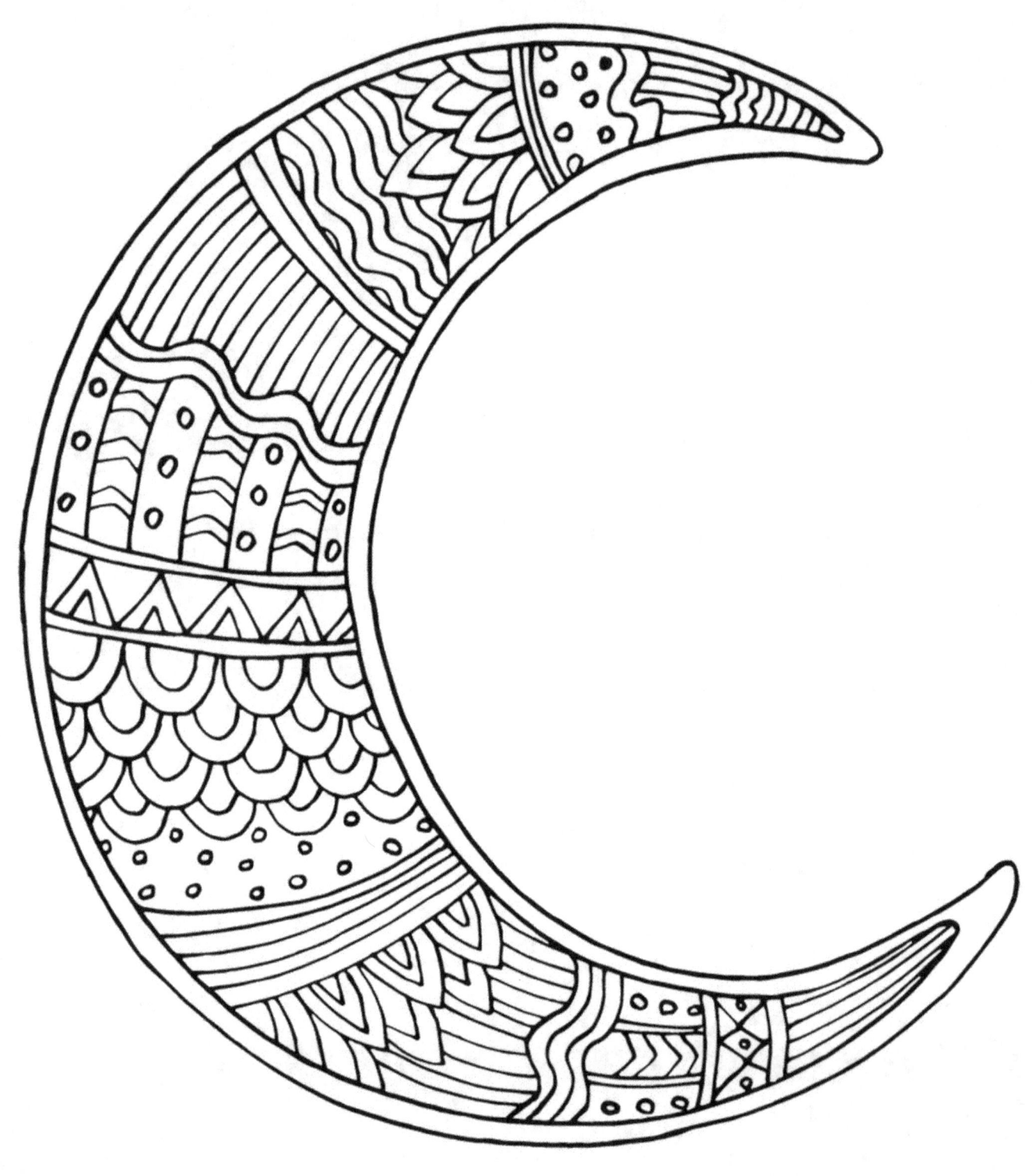

Colora Questa Luna

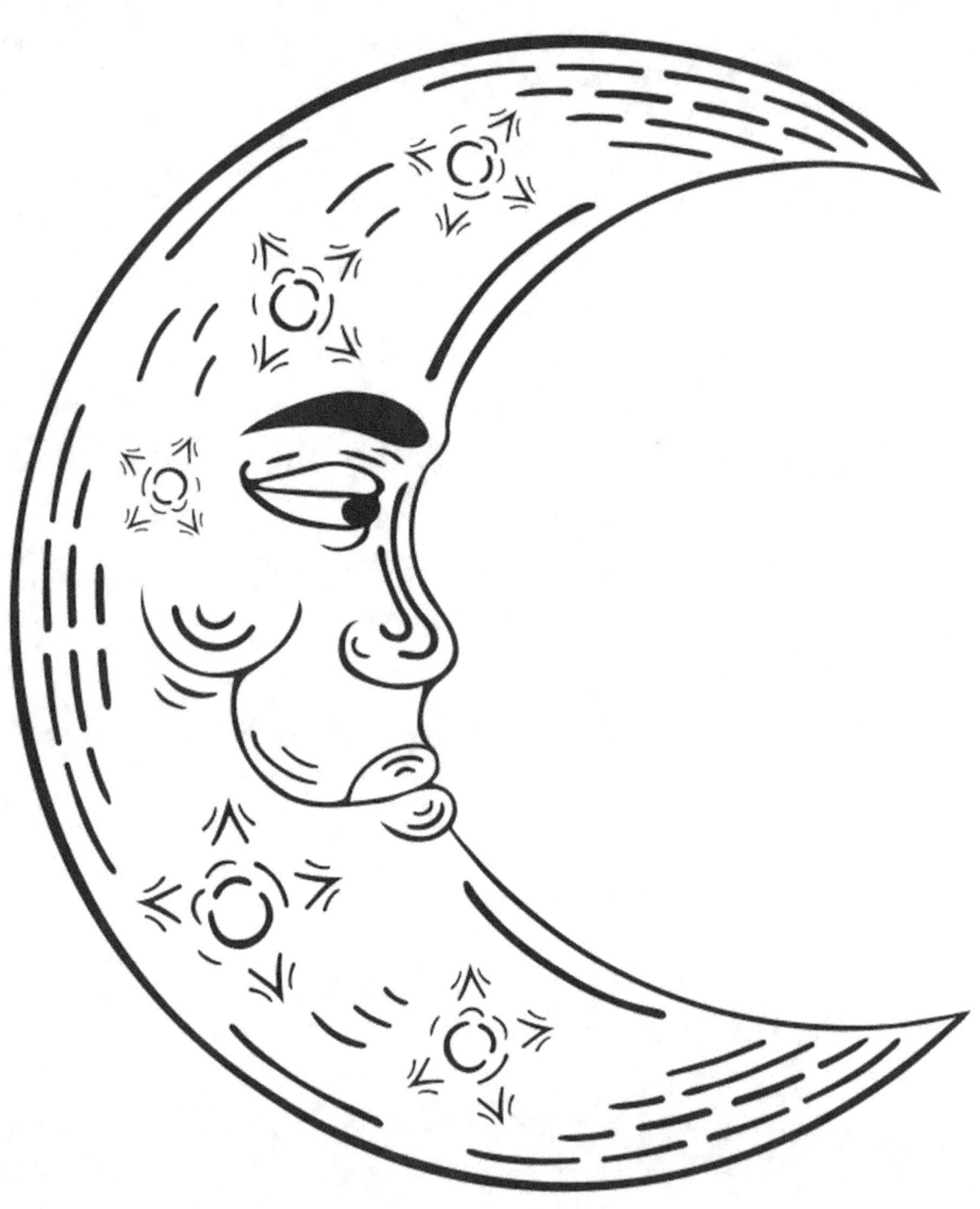

Colora Questa Luna

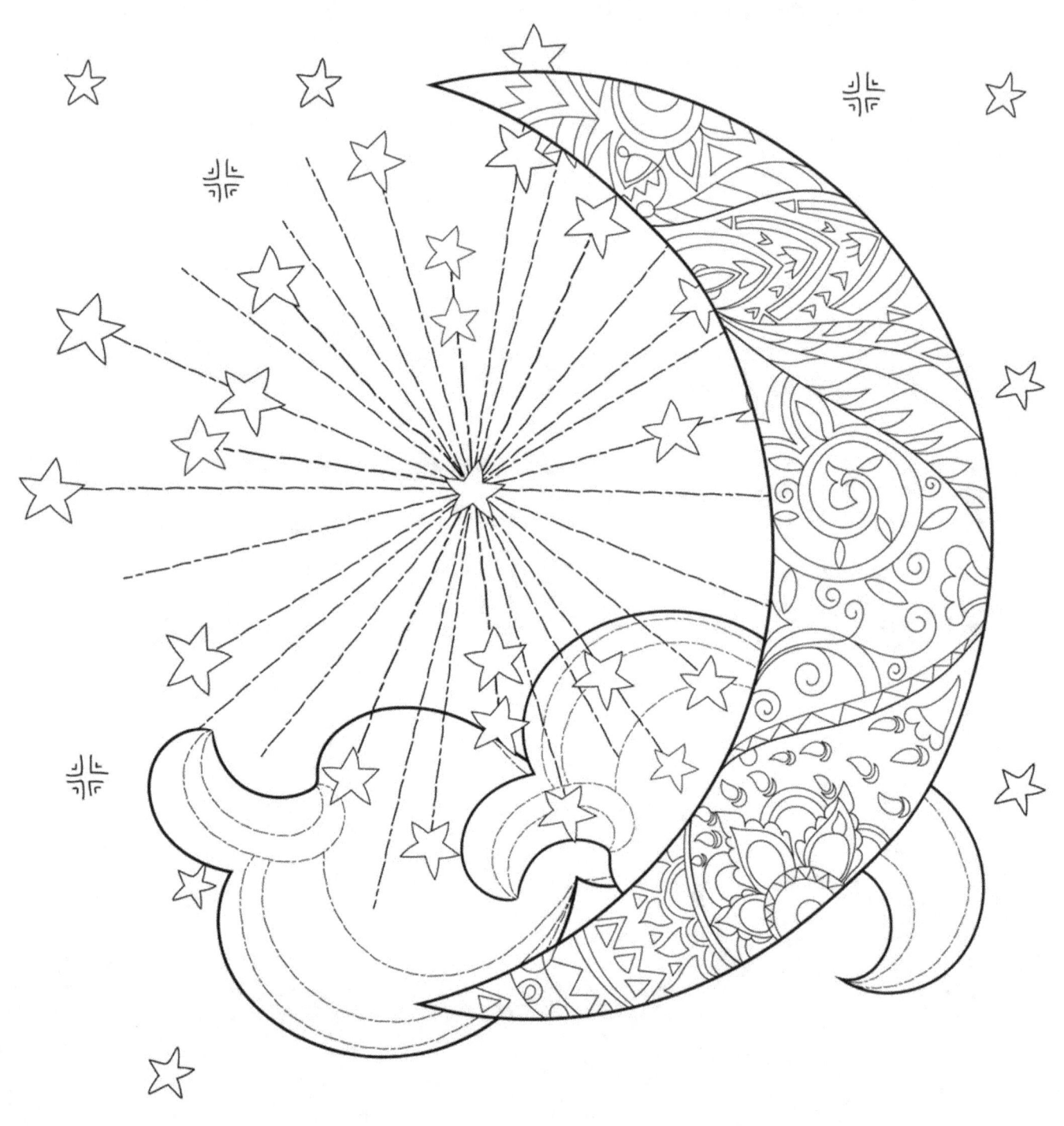

Colora Questa Luna

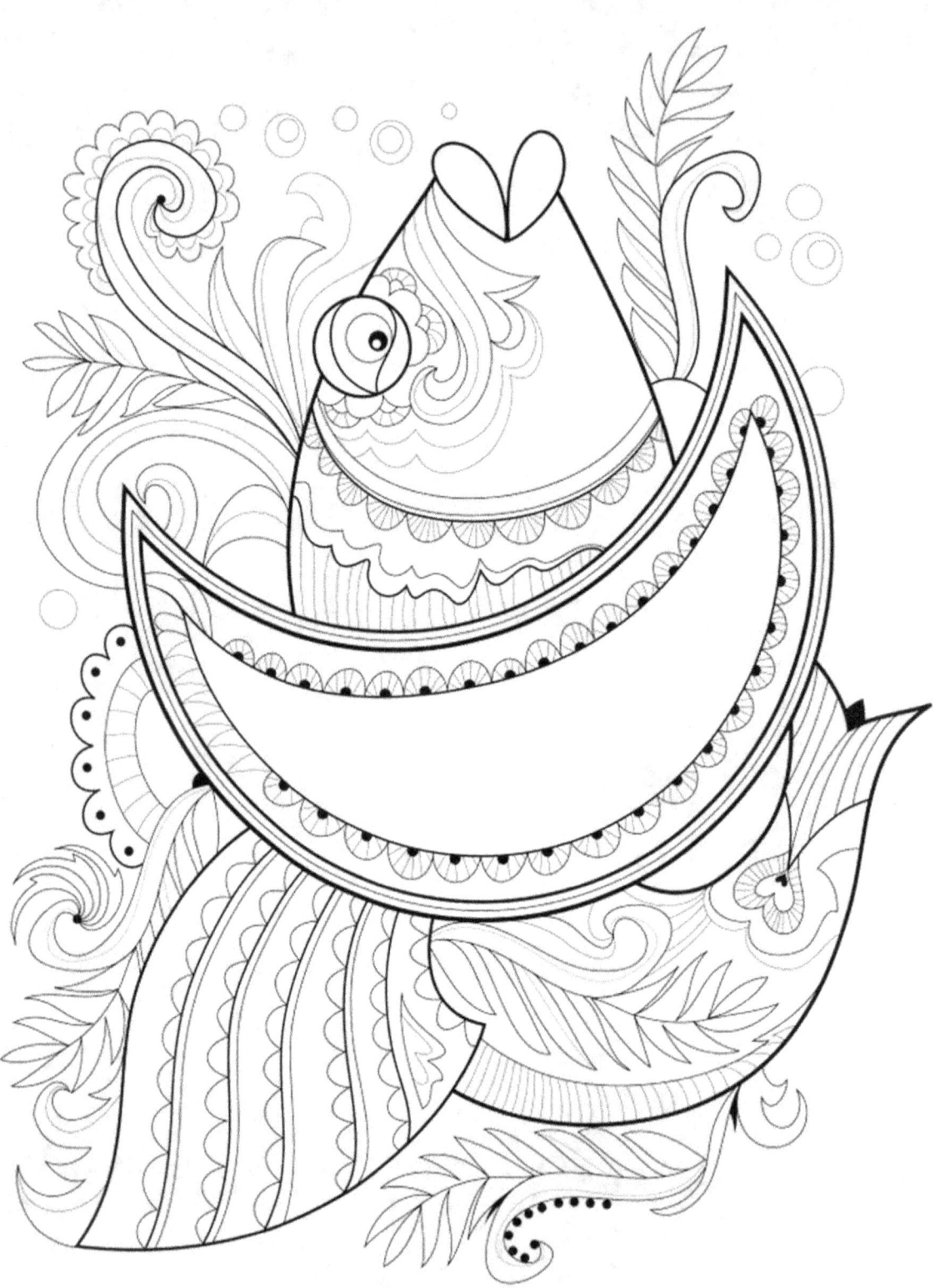

Colora Questa Luna

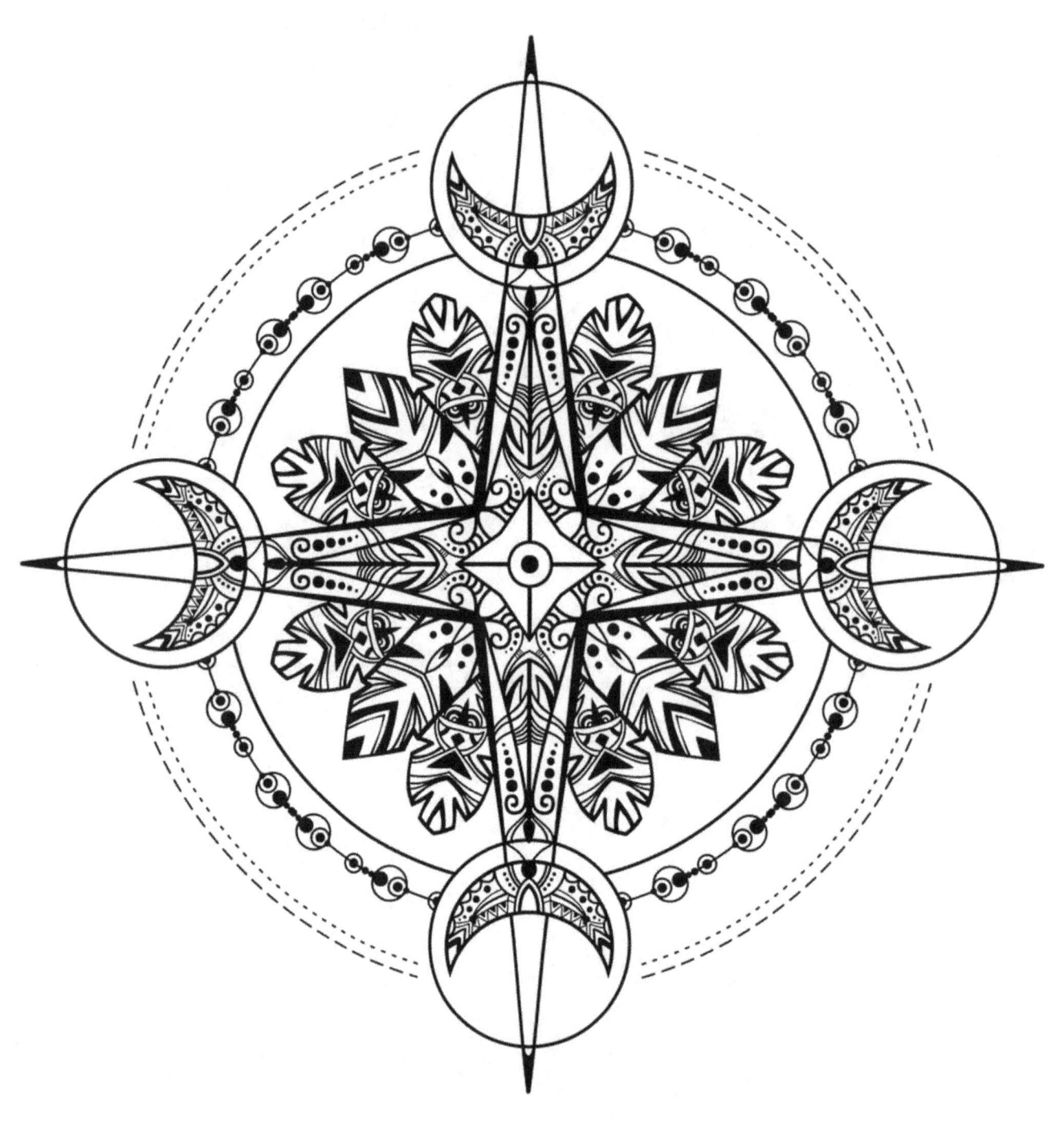

Colora Questa Luna

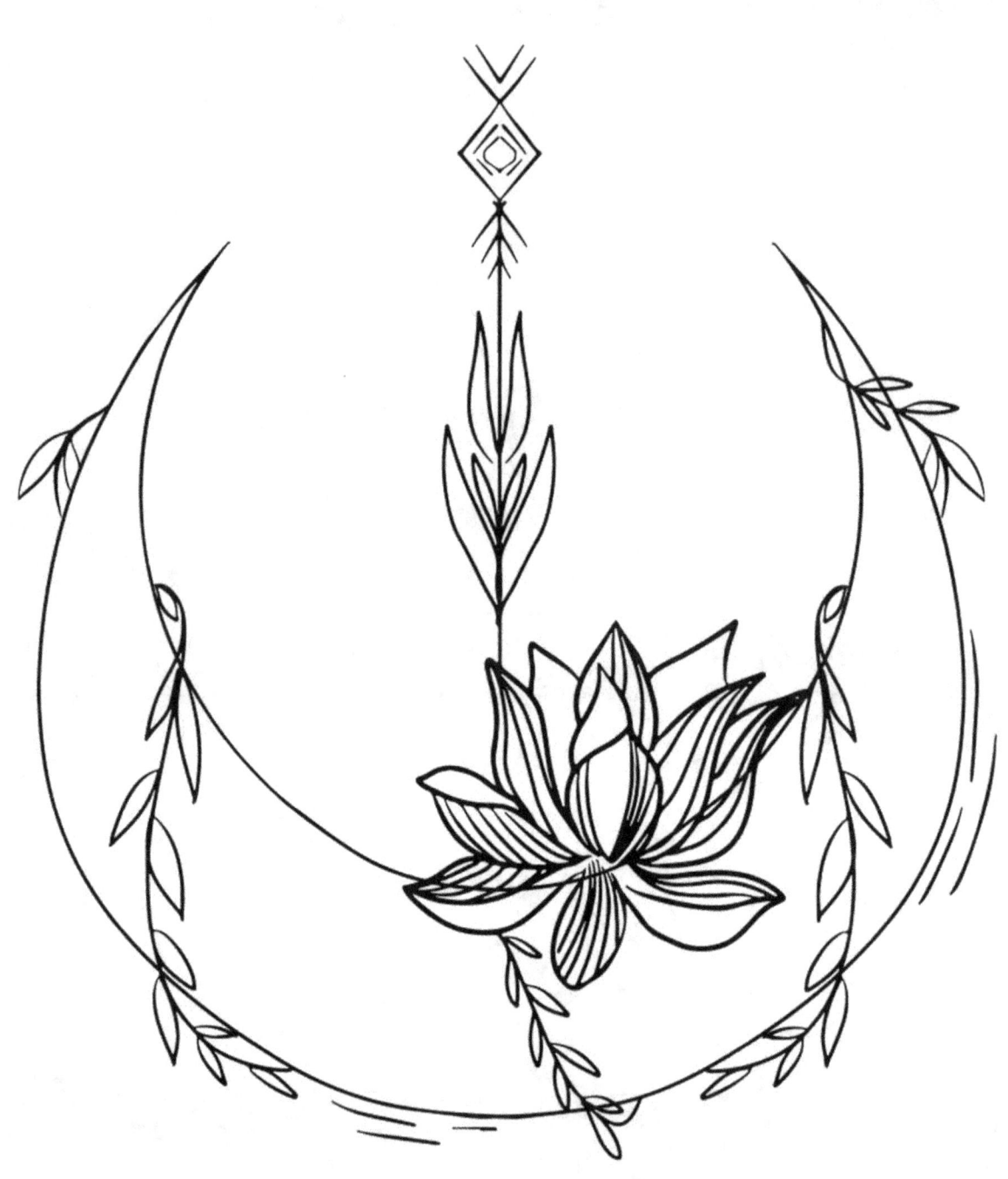

Colora Questa Luna

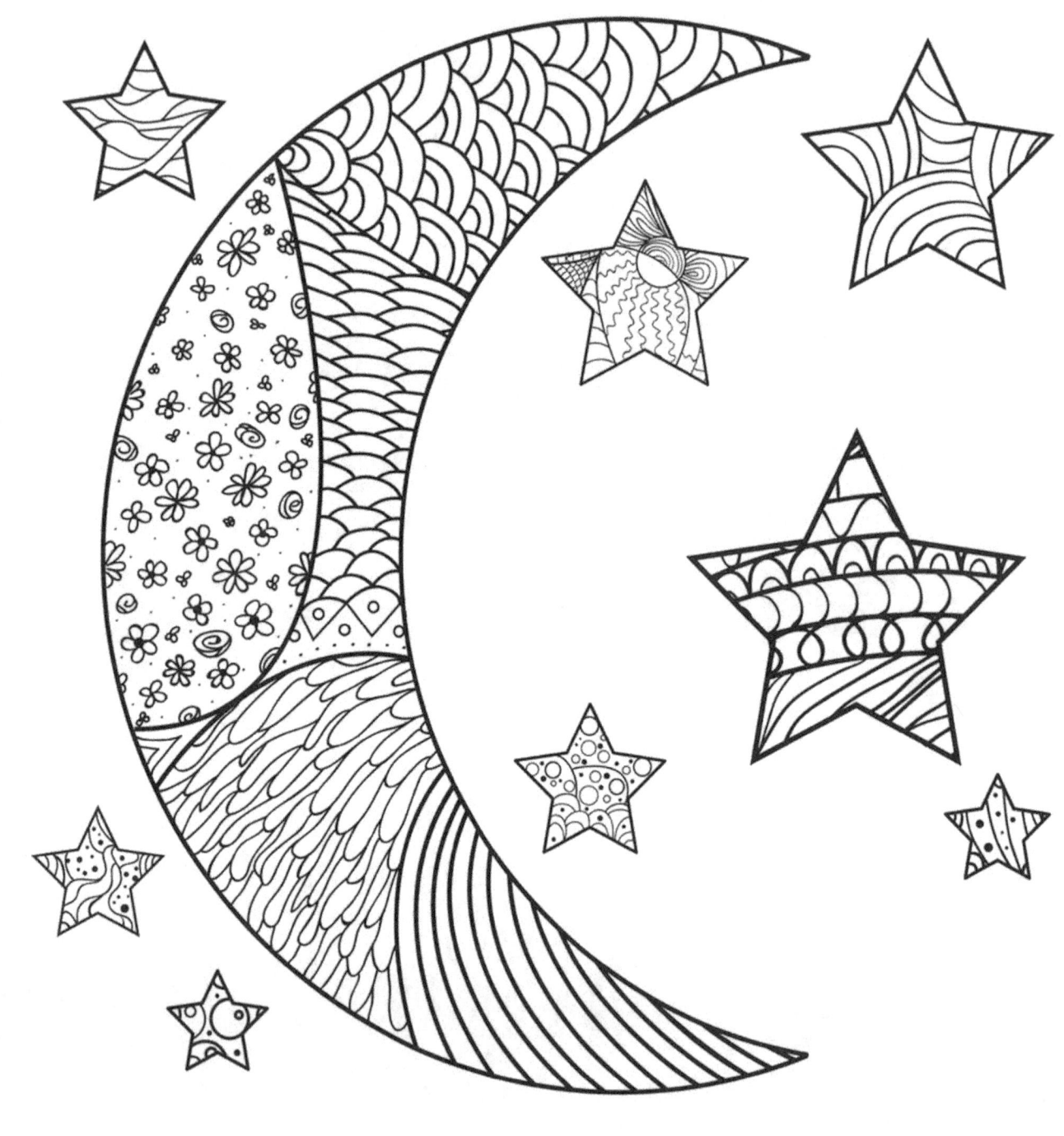

Colora Questa Luna

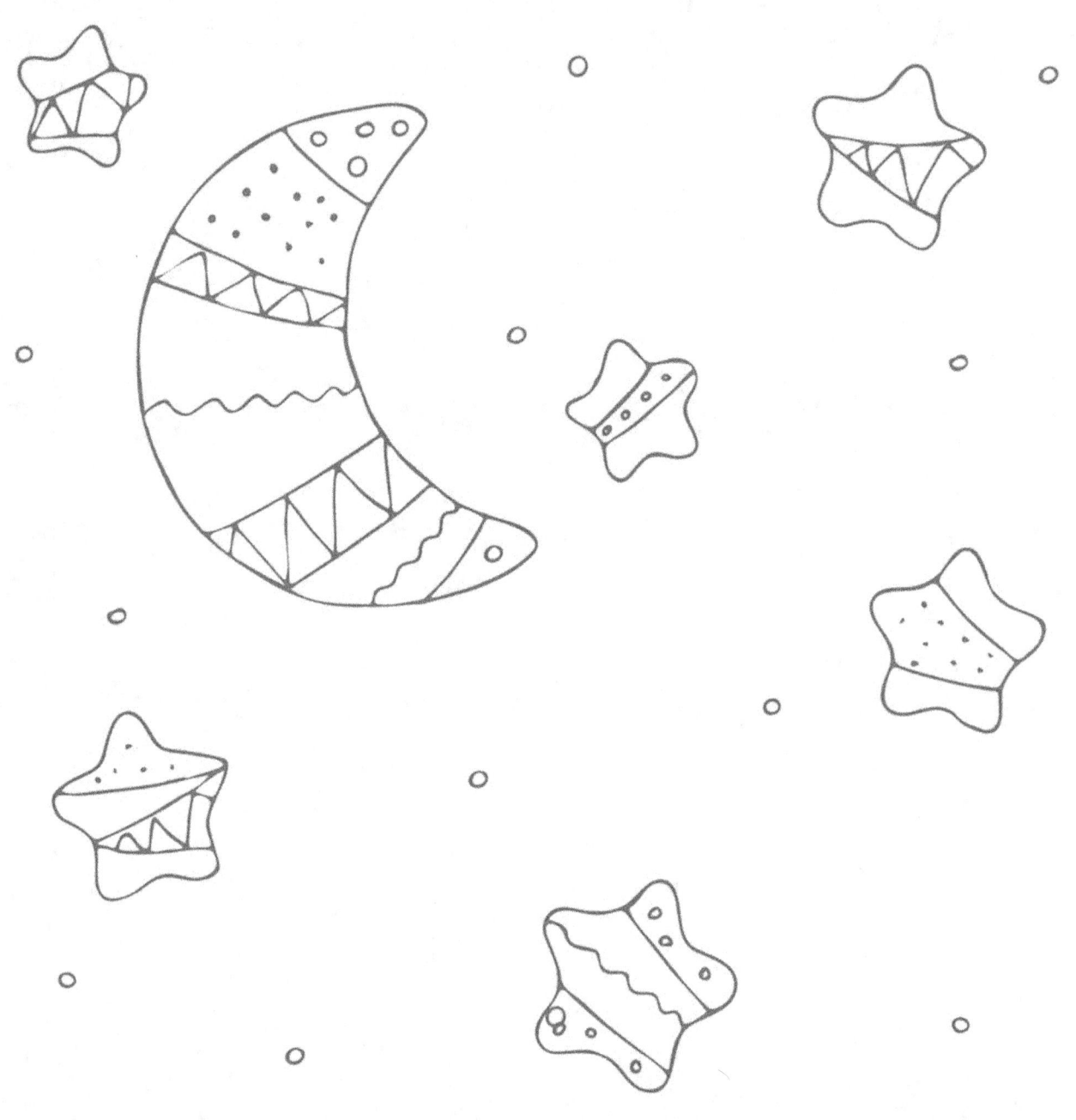

Colora Questa Luna

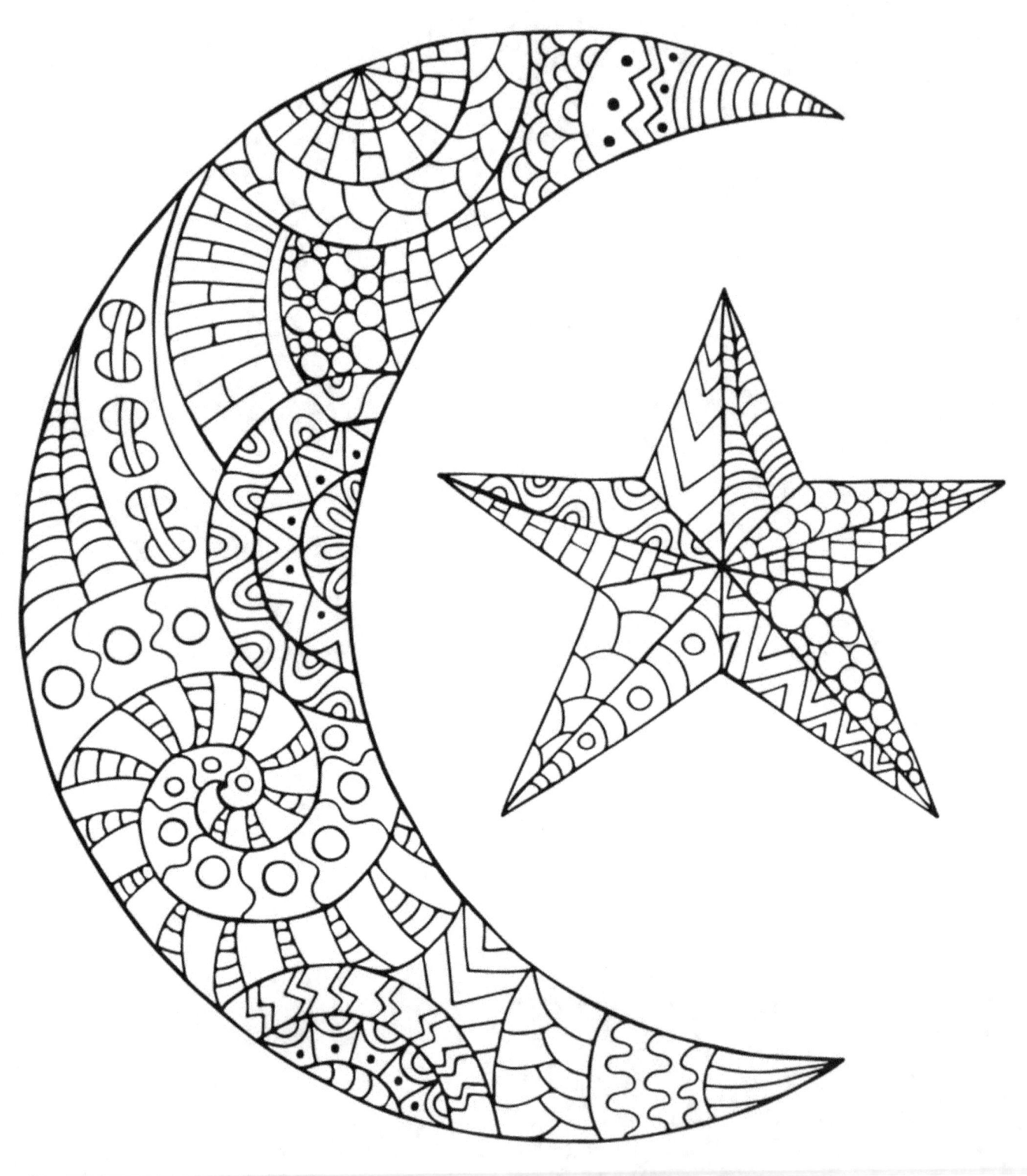

Colora Questa Luna

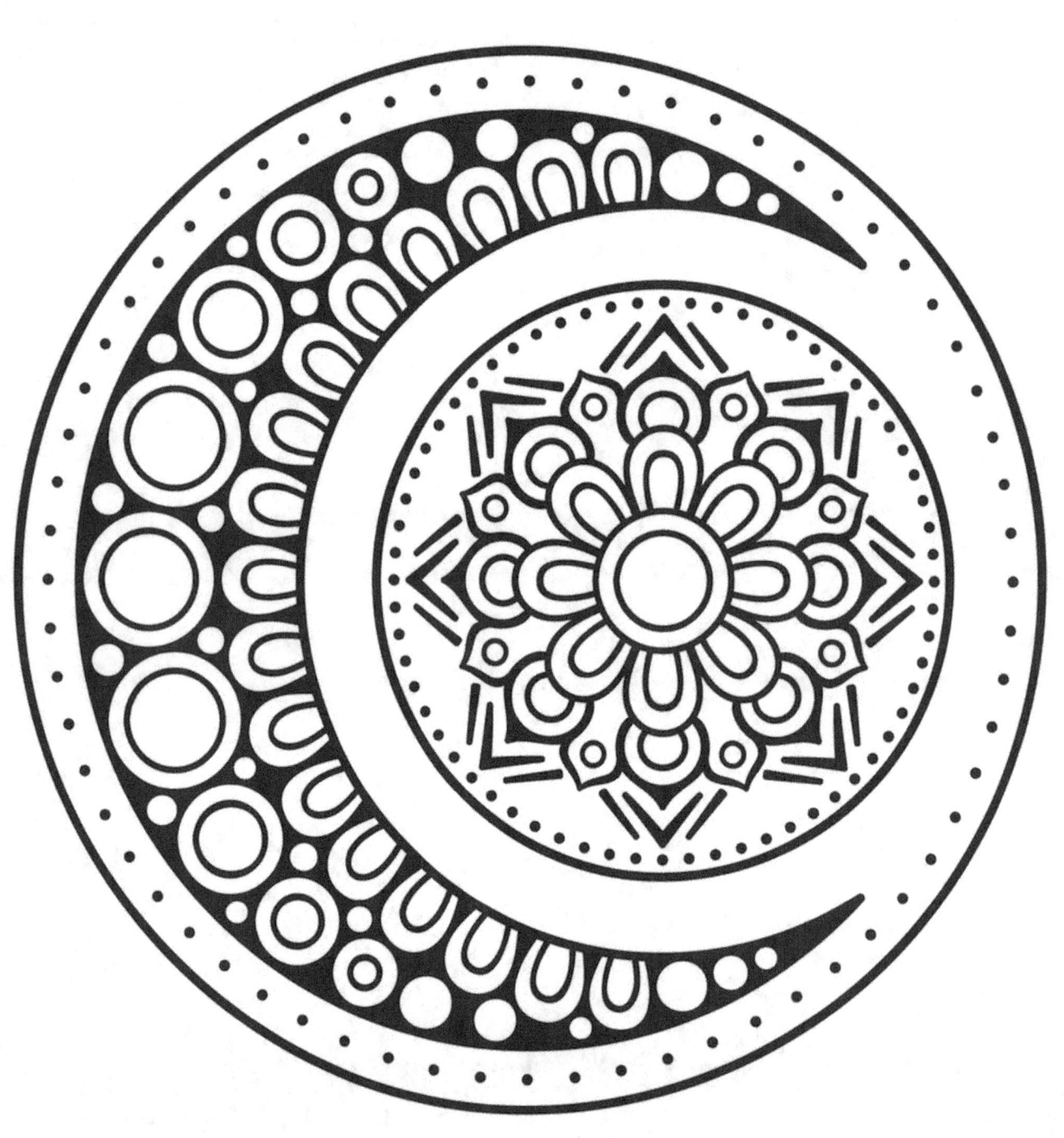

Colora Questa Luna

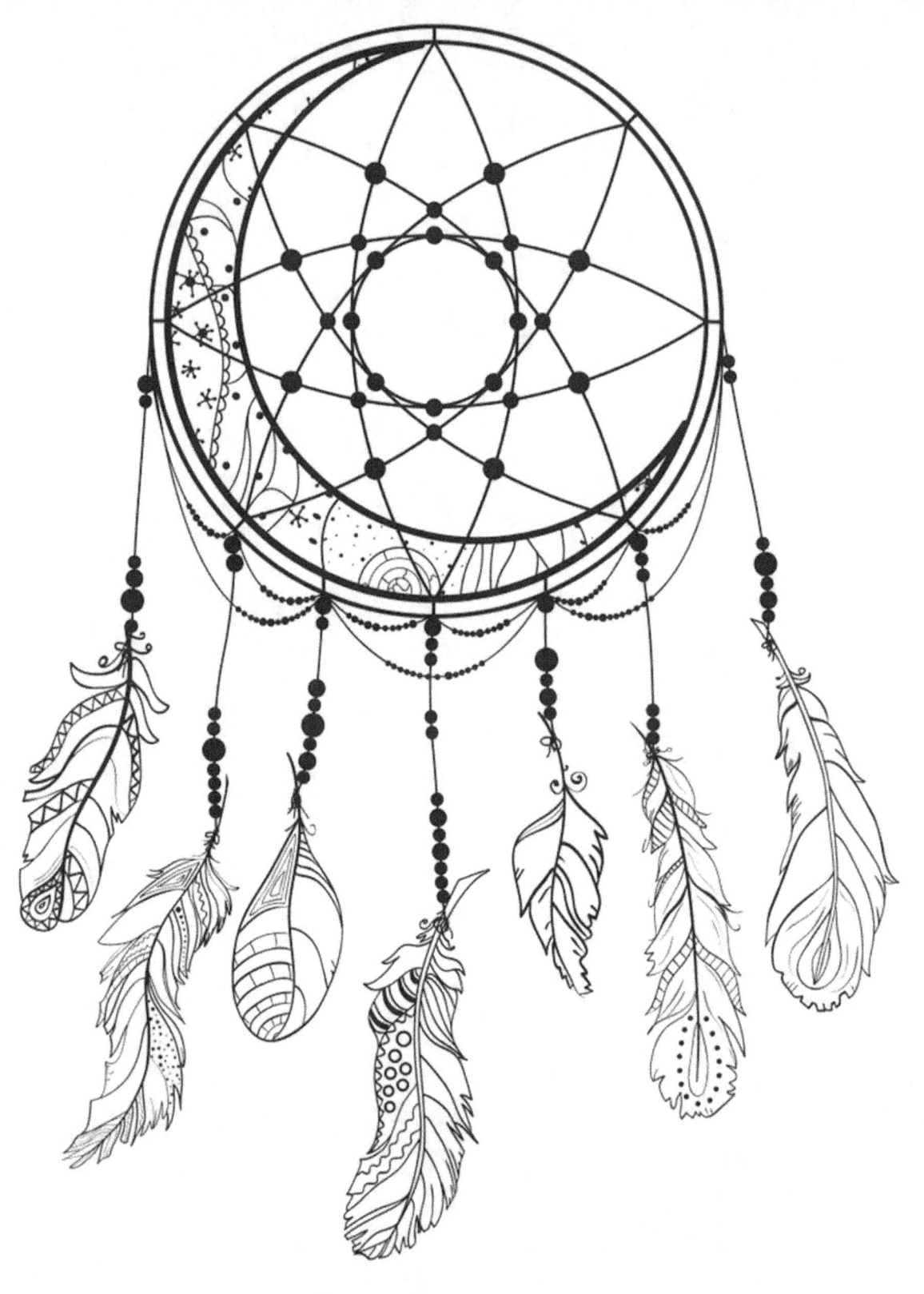

Colora Questa Luna

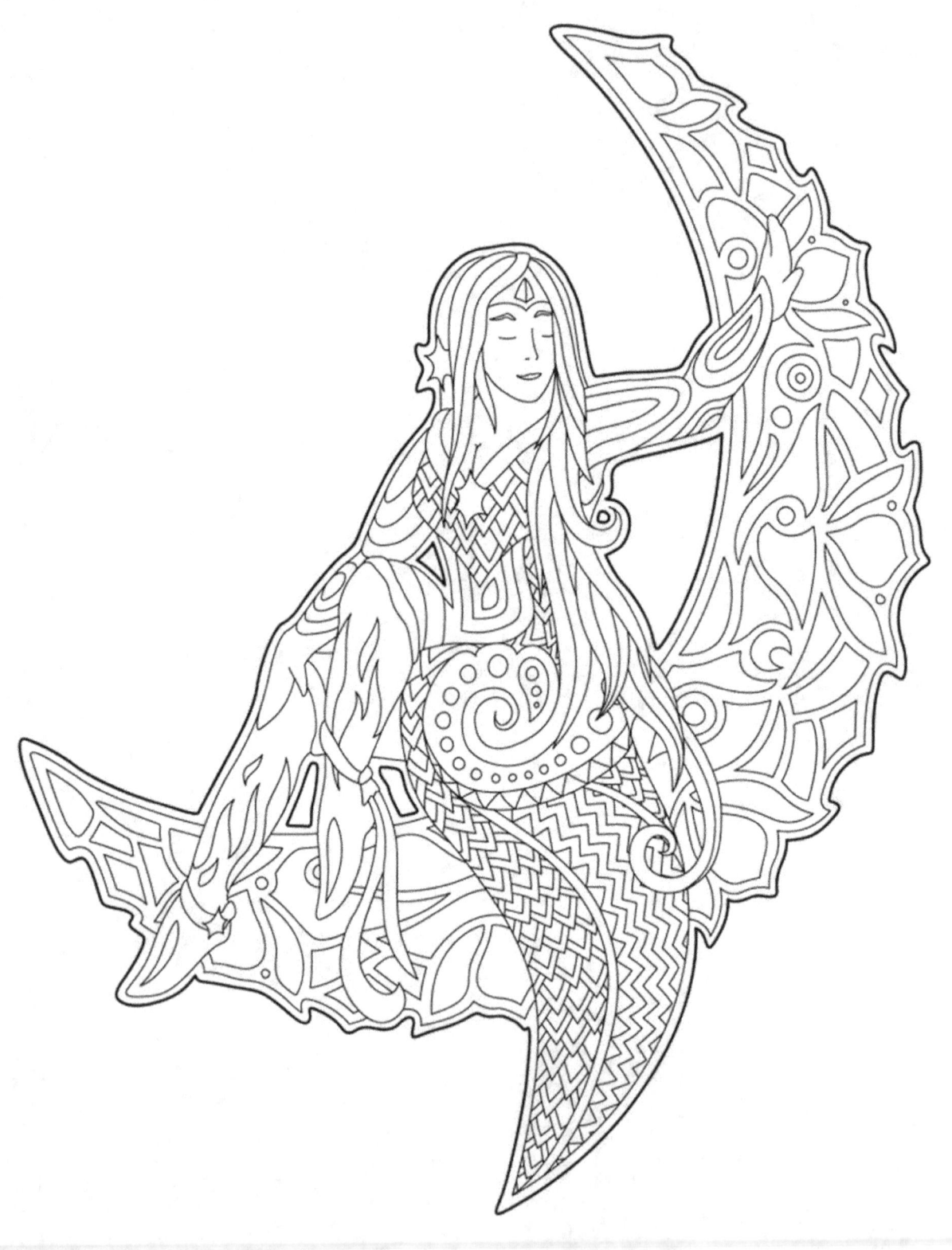

Colora Questa Luna

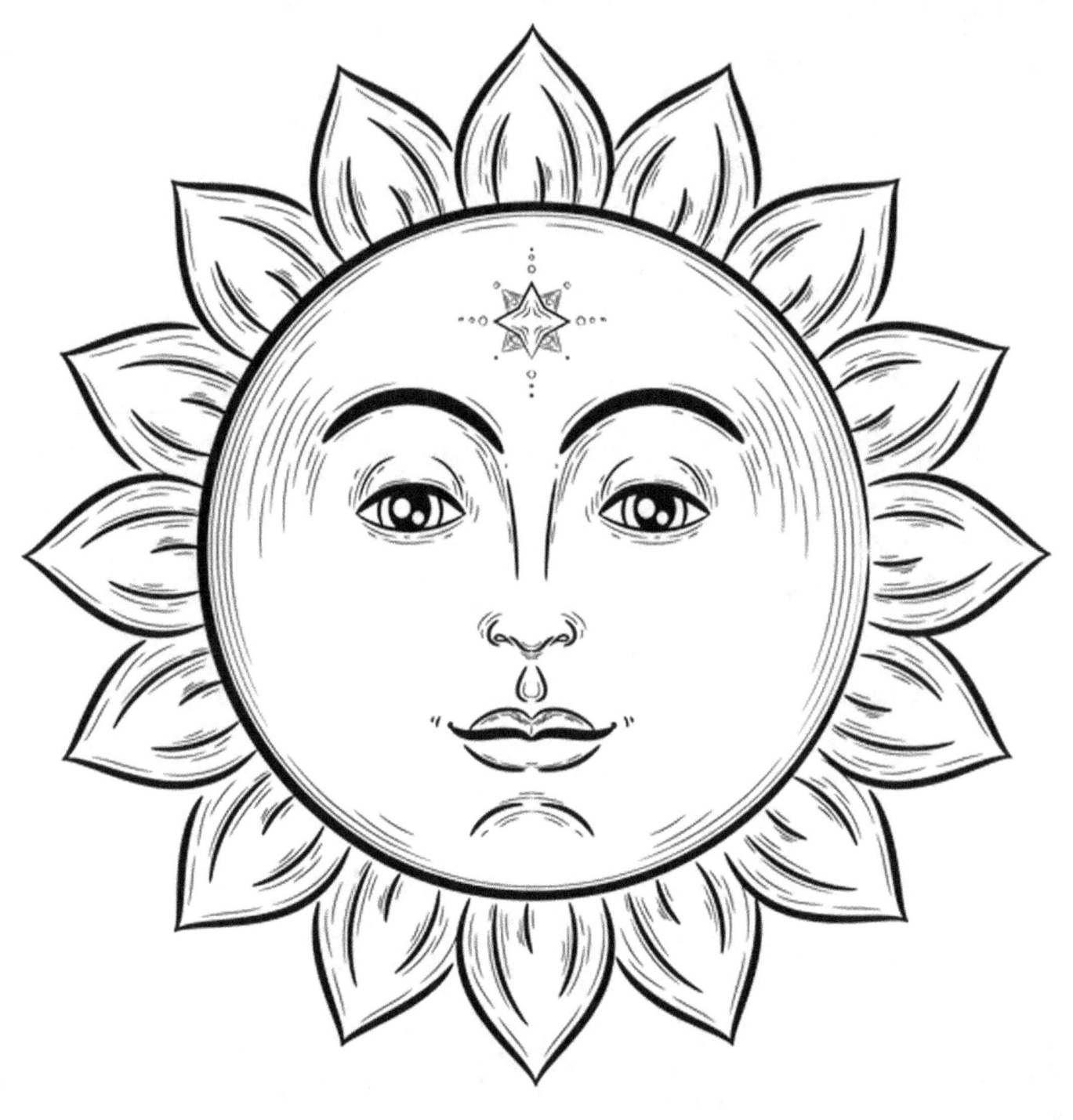

Colora Questa Luna

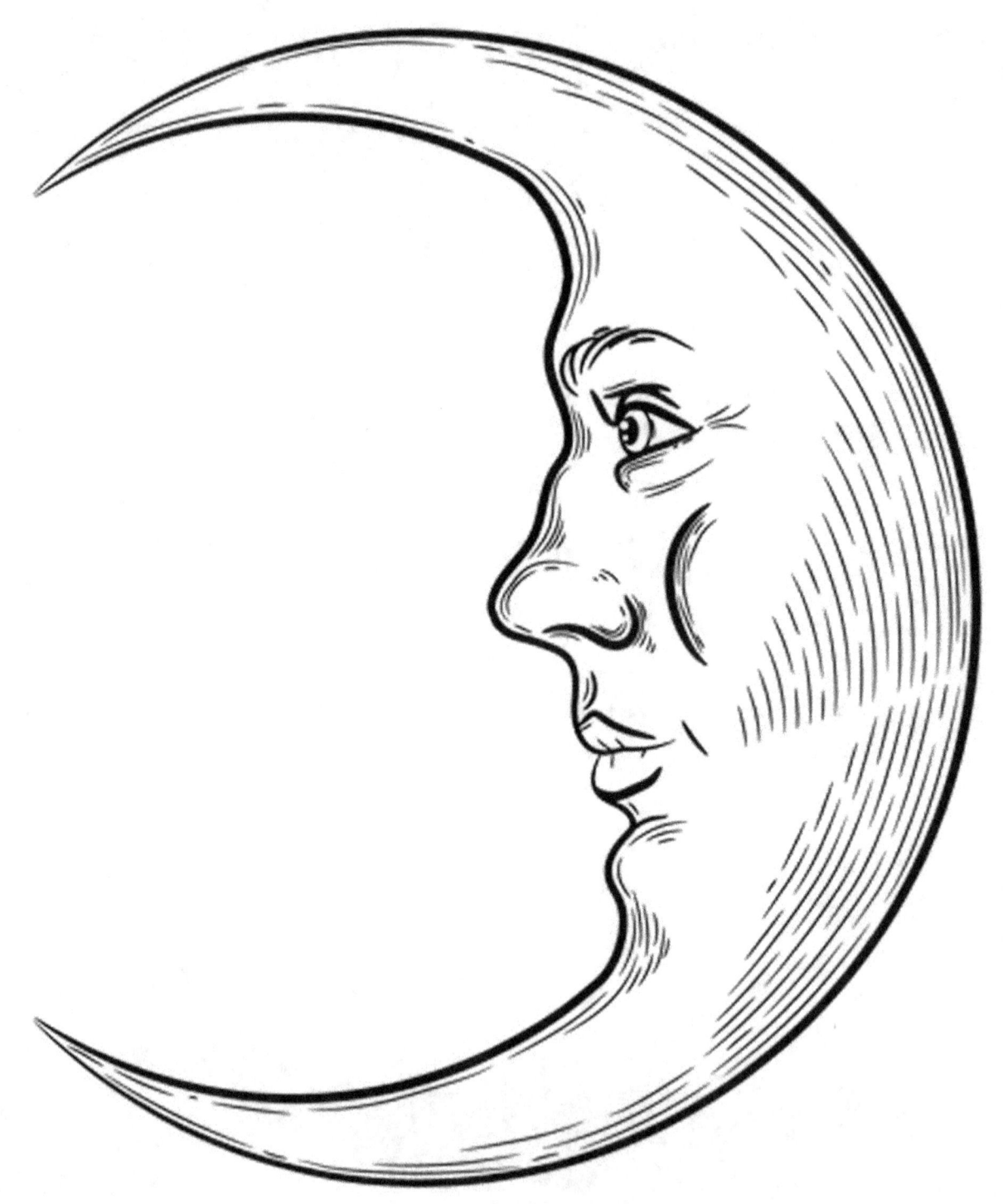

Colora Questa Luna

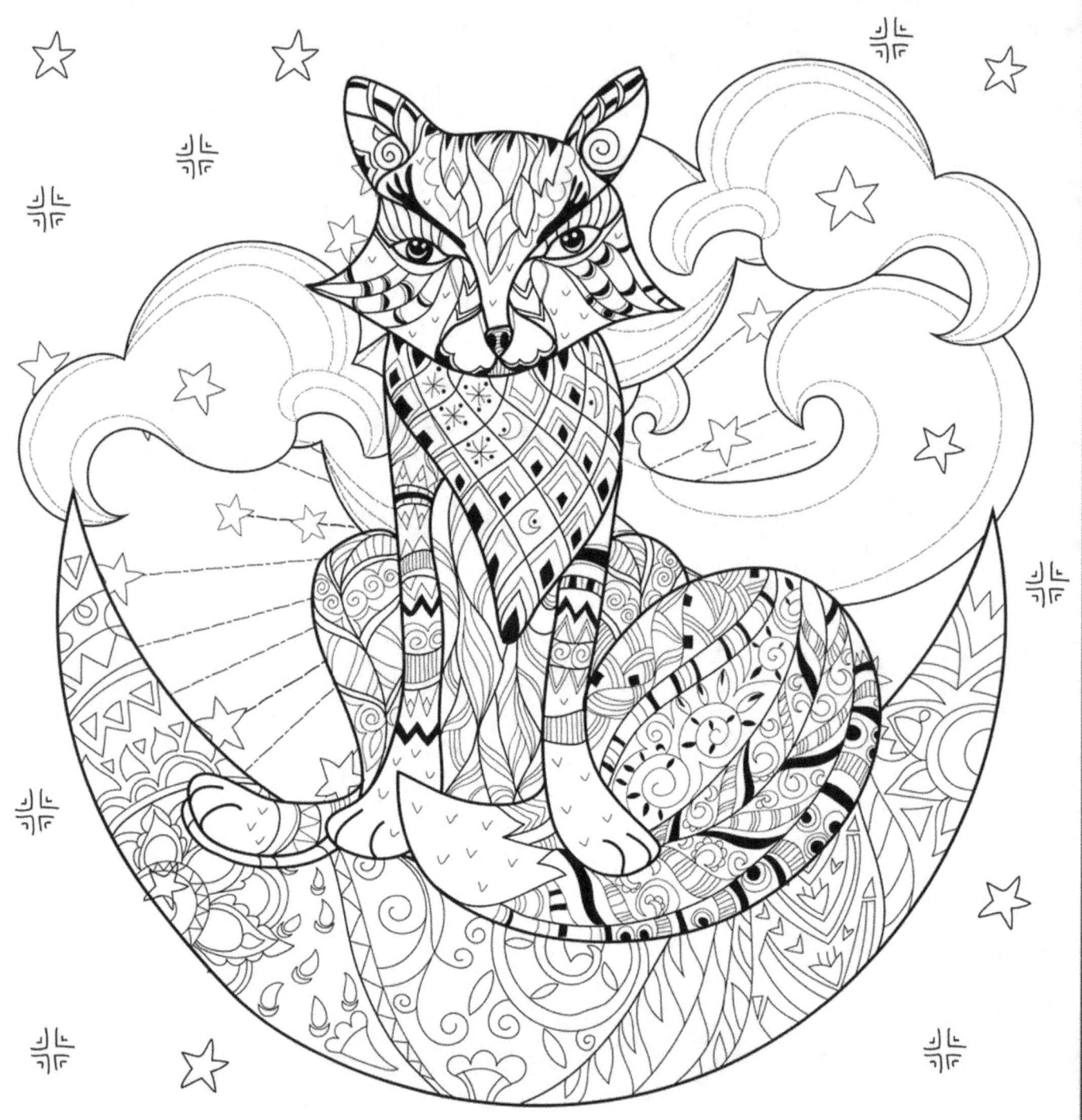

Colora Questa Luna

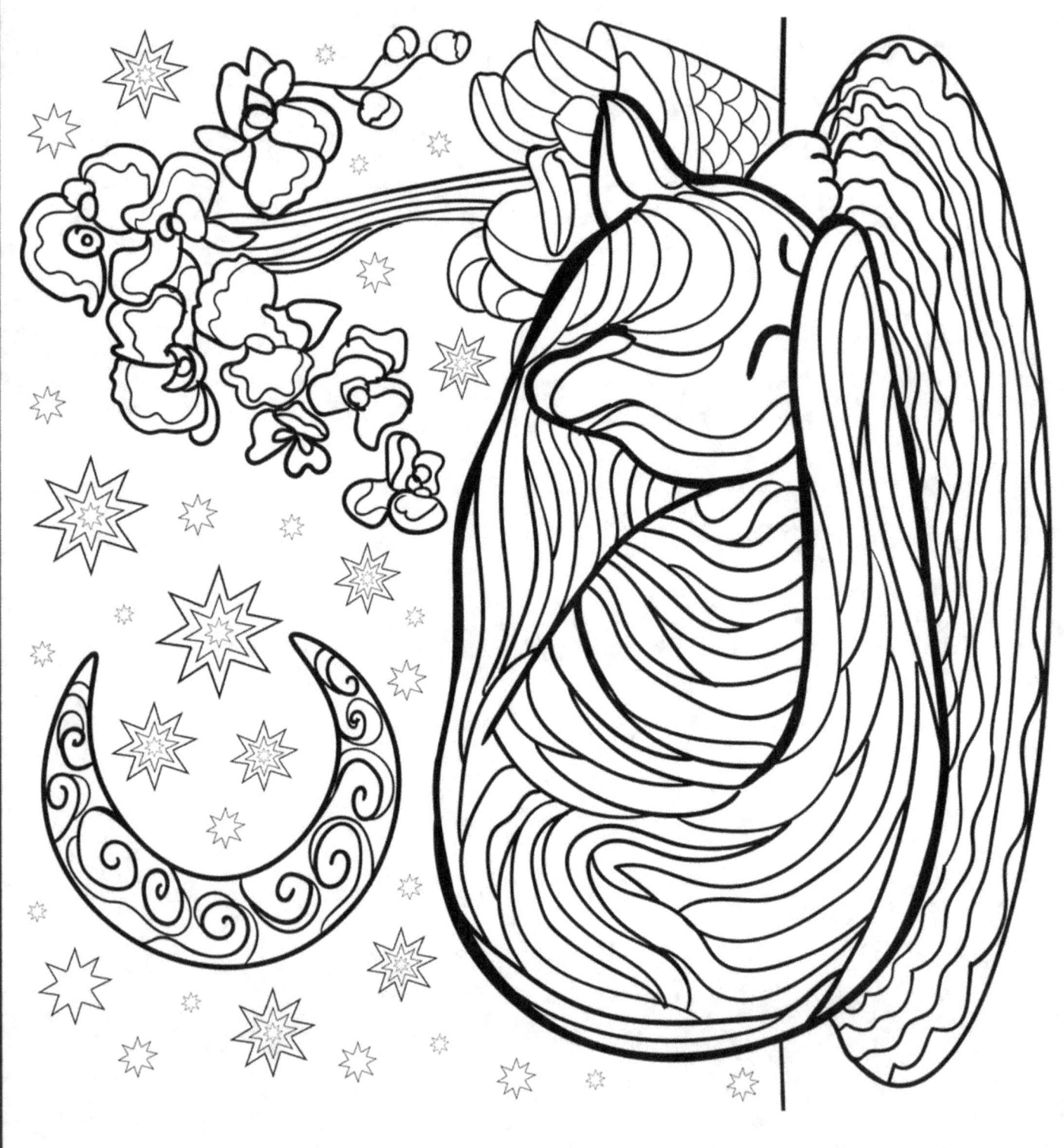

Colora Questa Luna

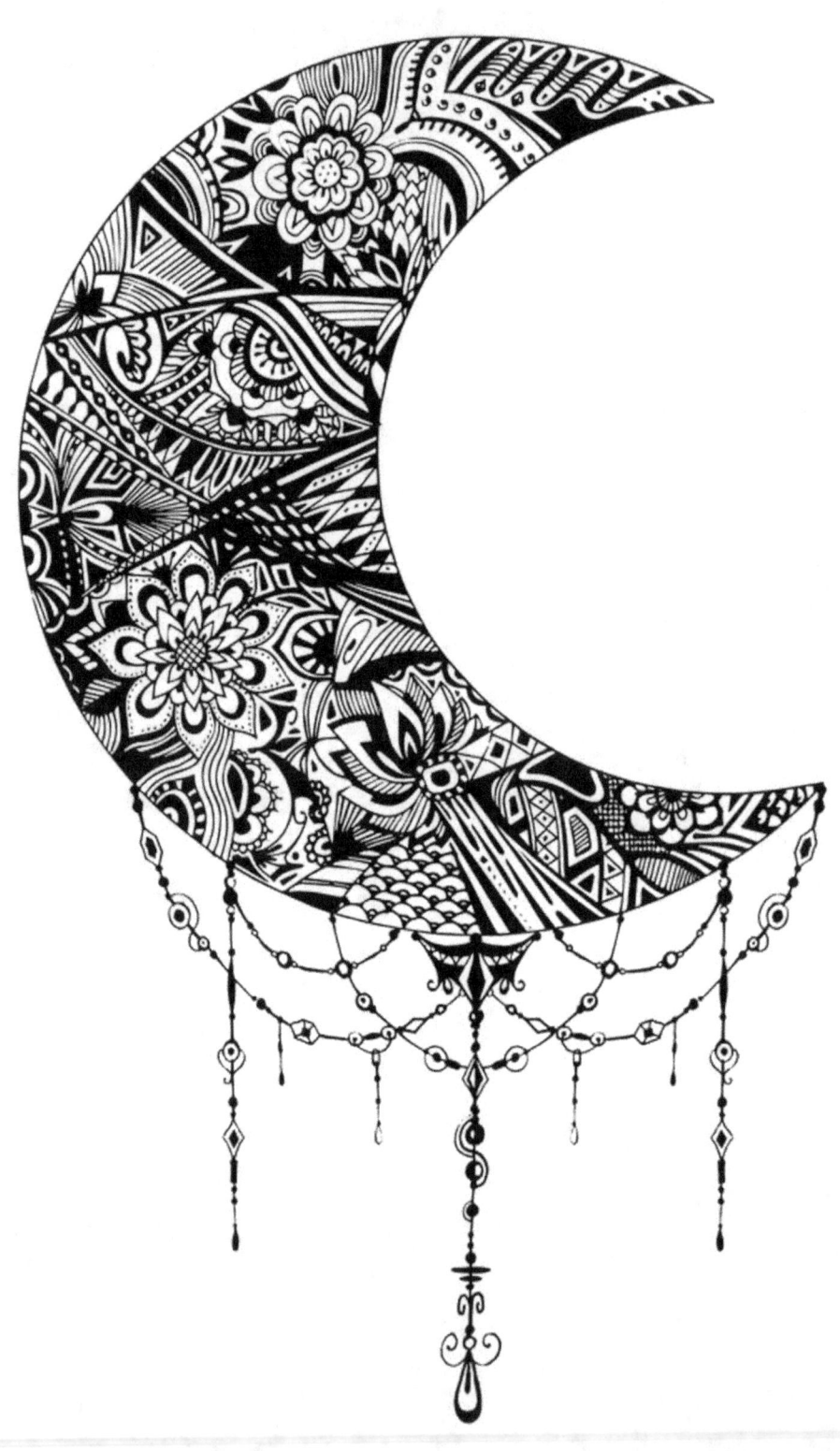

Colora Questa Luna

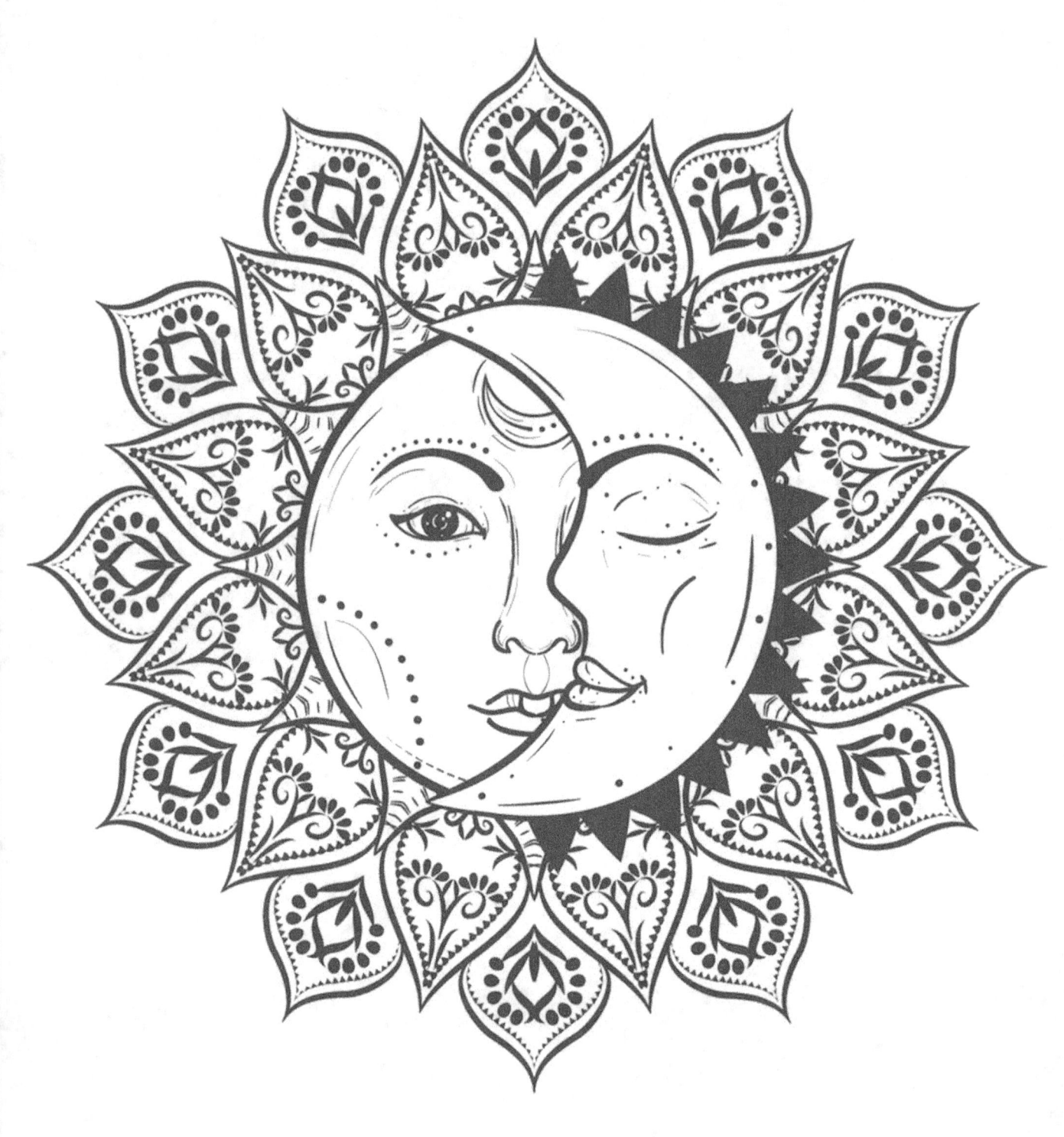

Colora Questa Luna

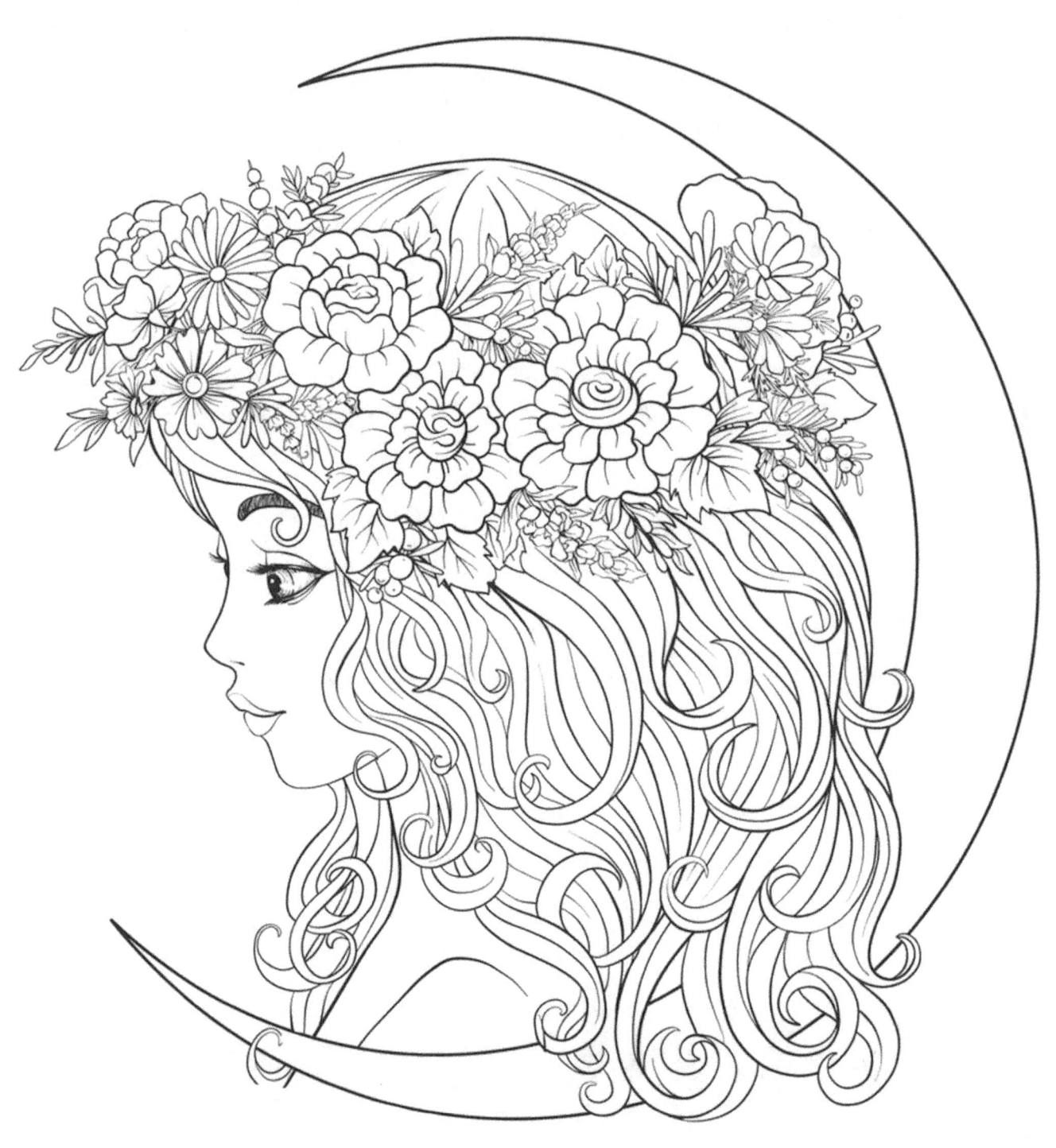

Colora Questa Luna

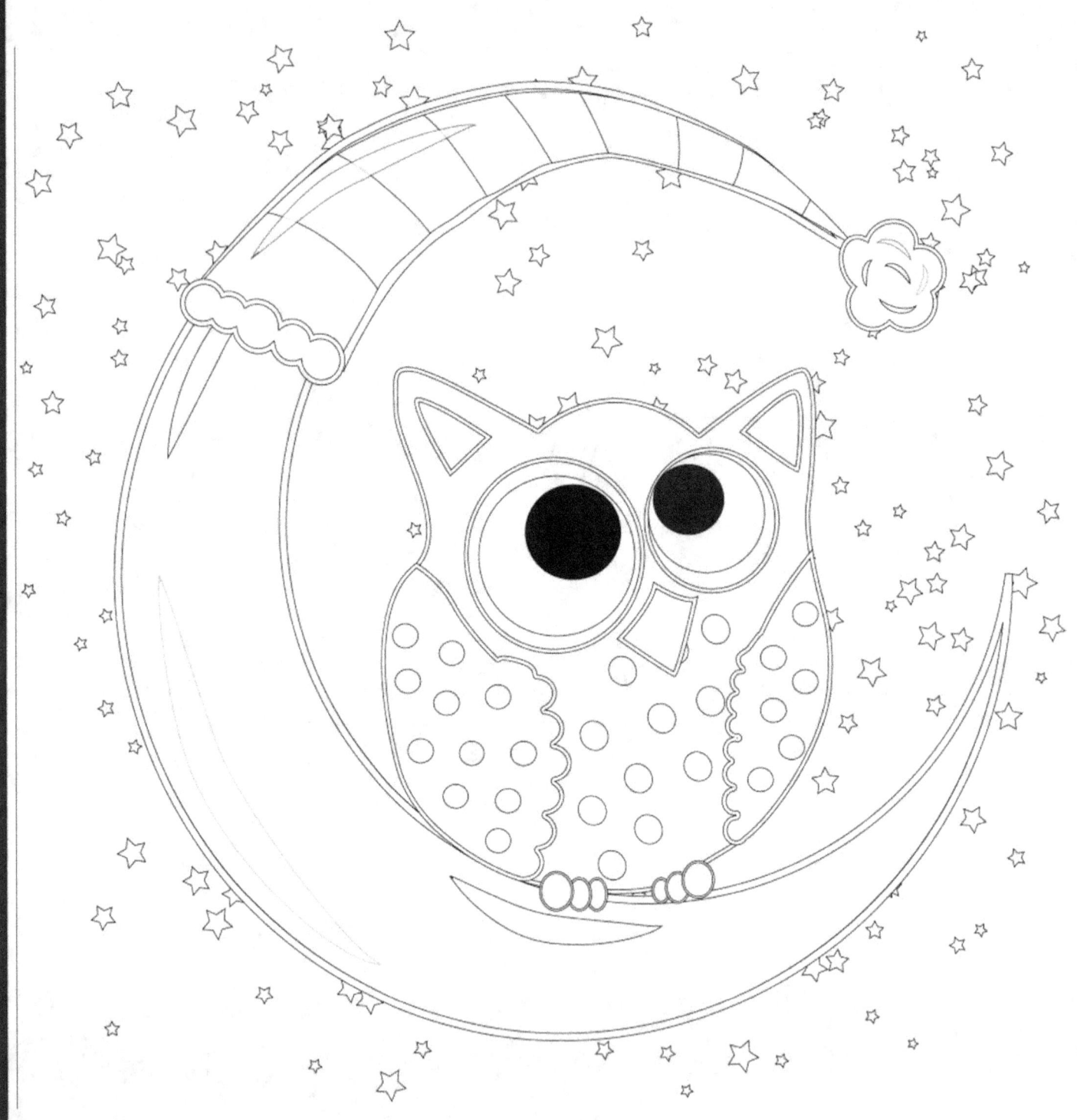

Colora Questa Luna

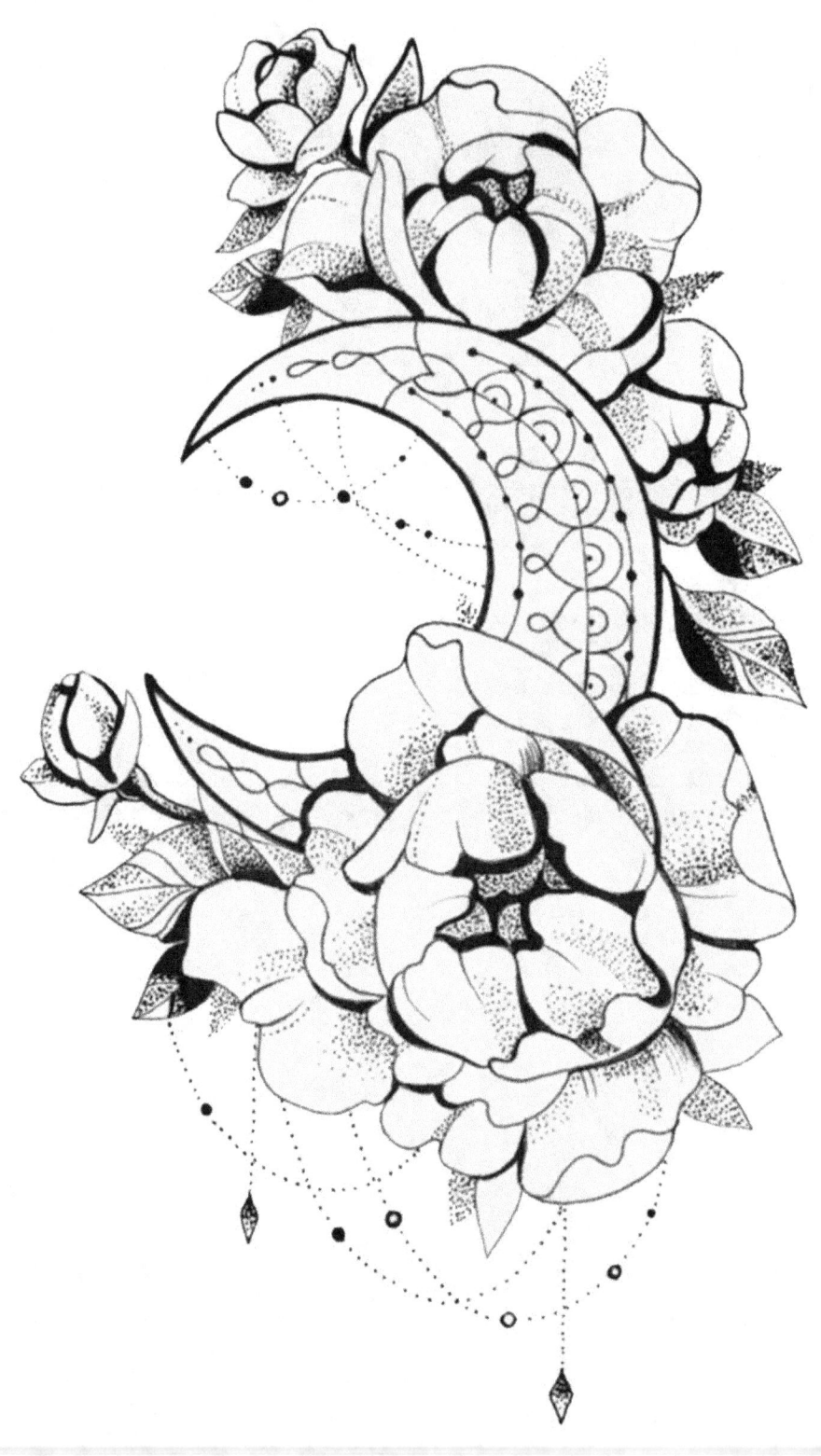

Colora Questa Luna

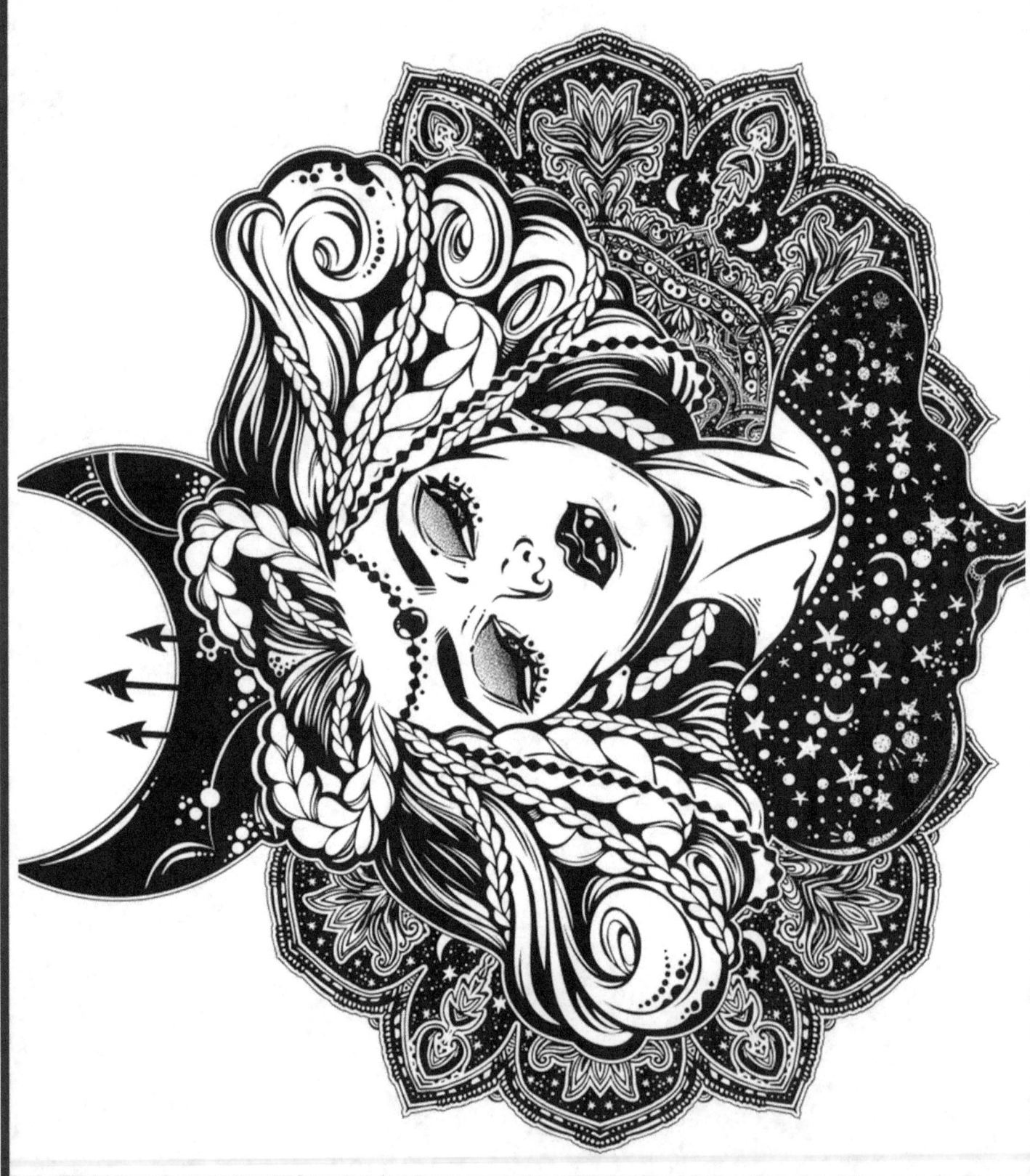

Colora Questa Luna

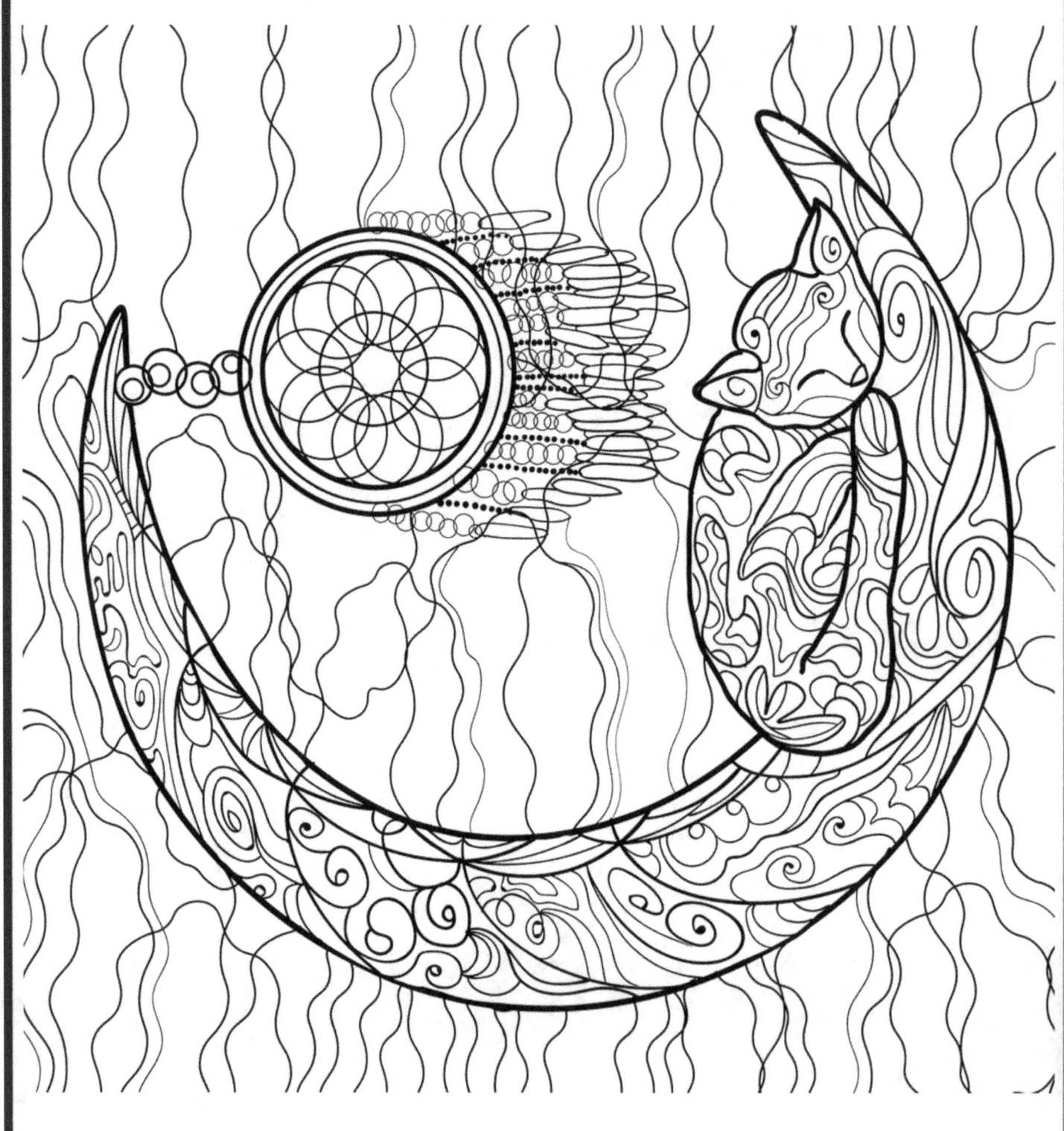

Colora Questa Luna

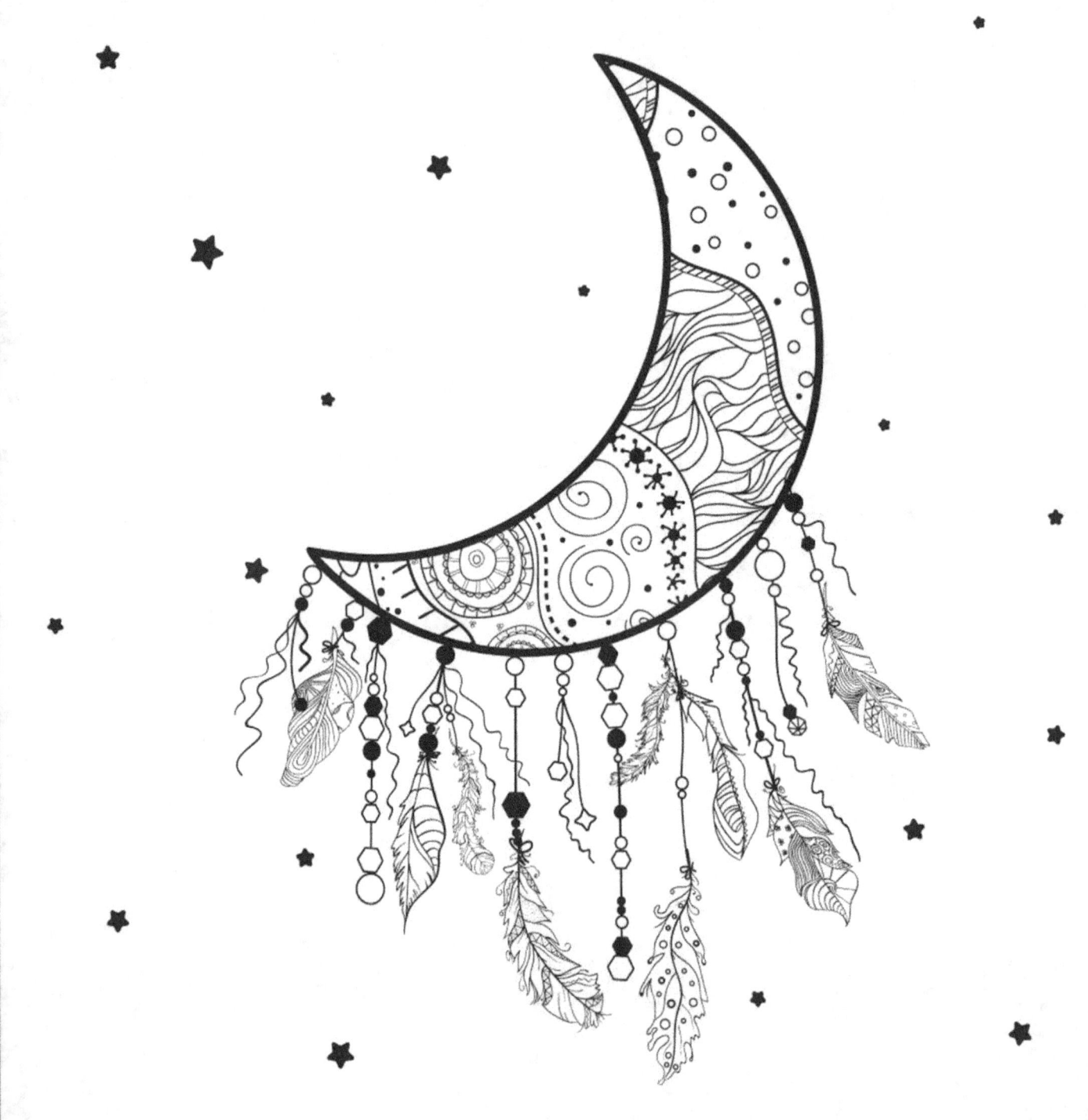

Colora Questa Luna

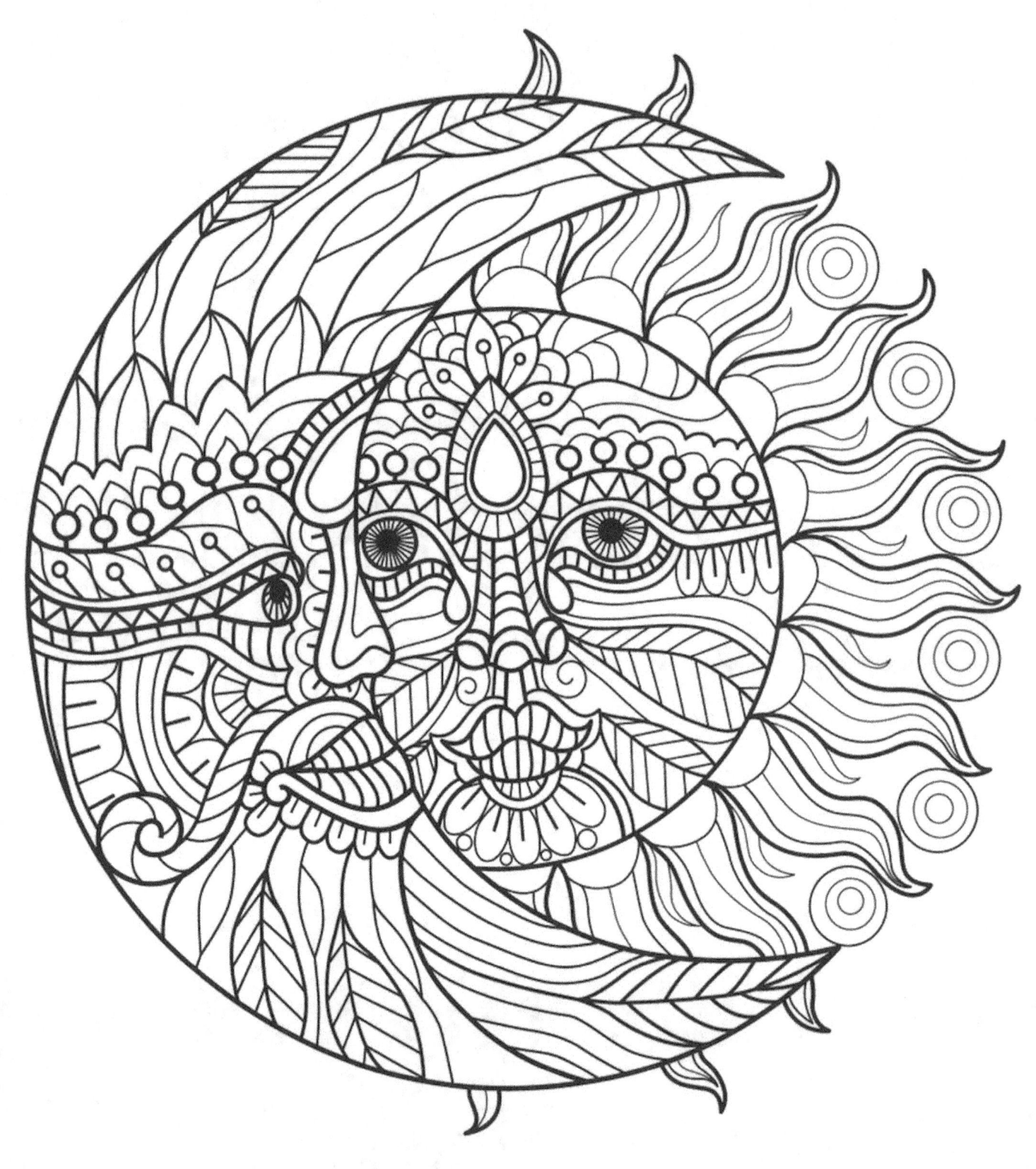

Colora Questa Luna

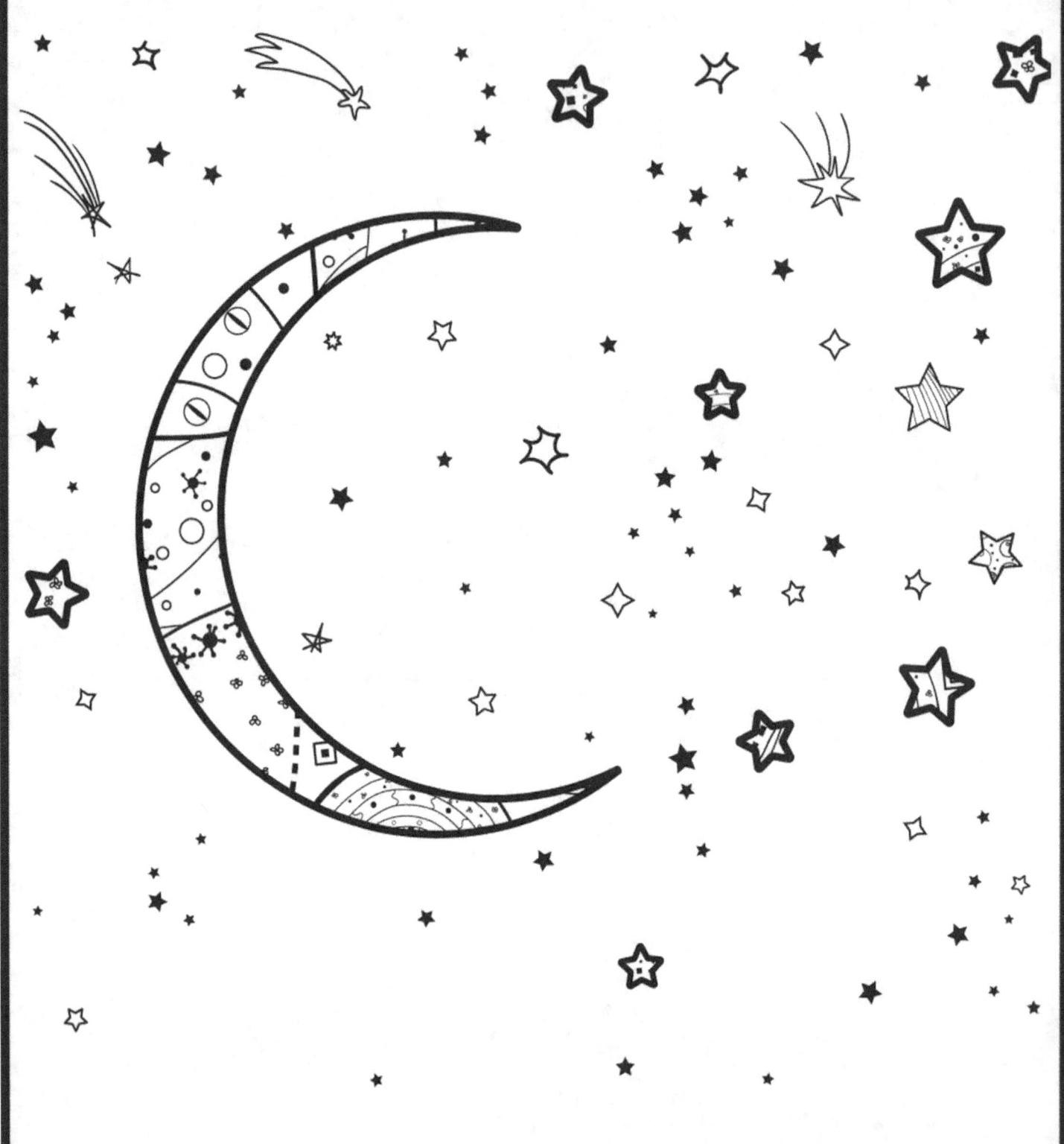

Colora Questa Luna

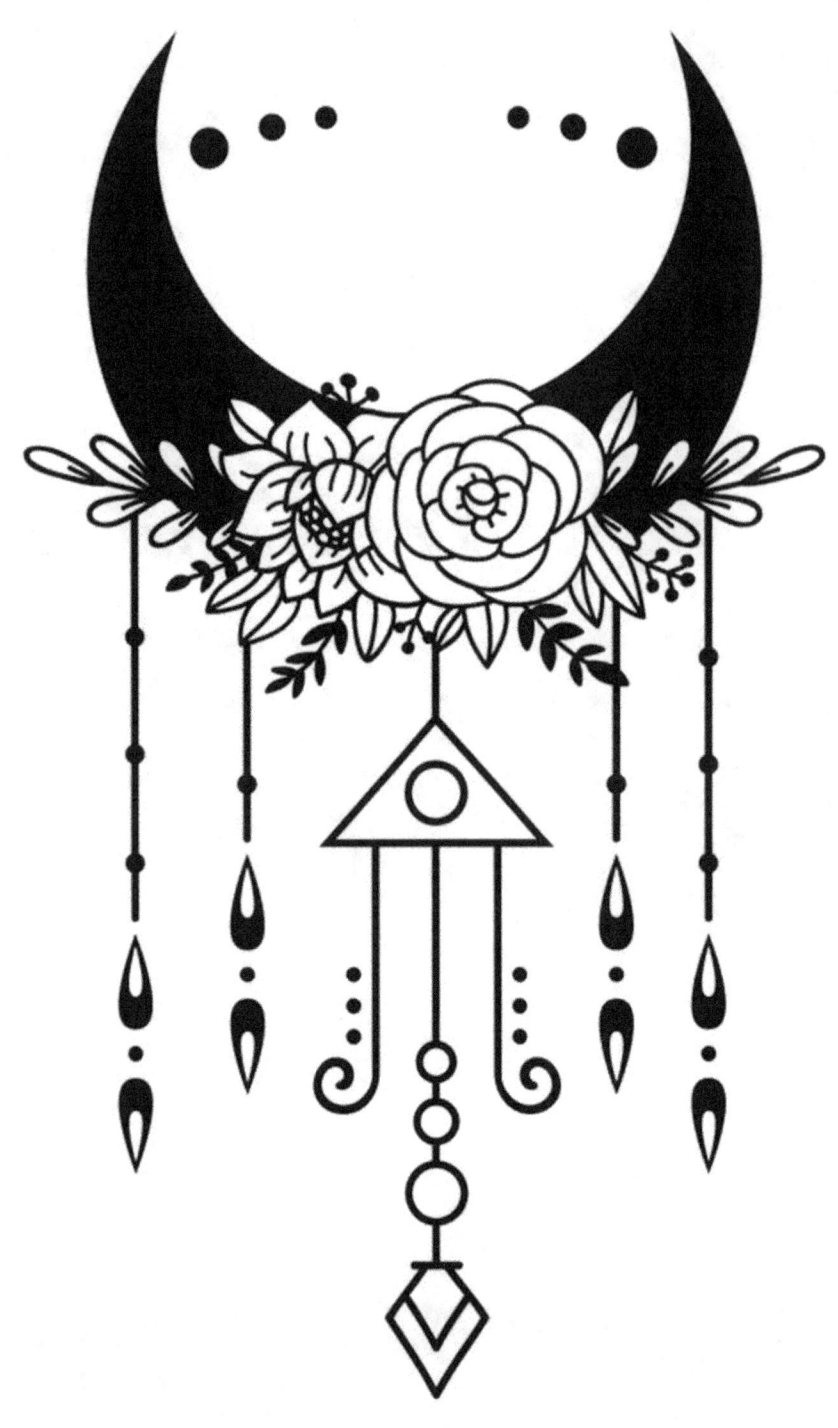

Colora Questa Luna

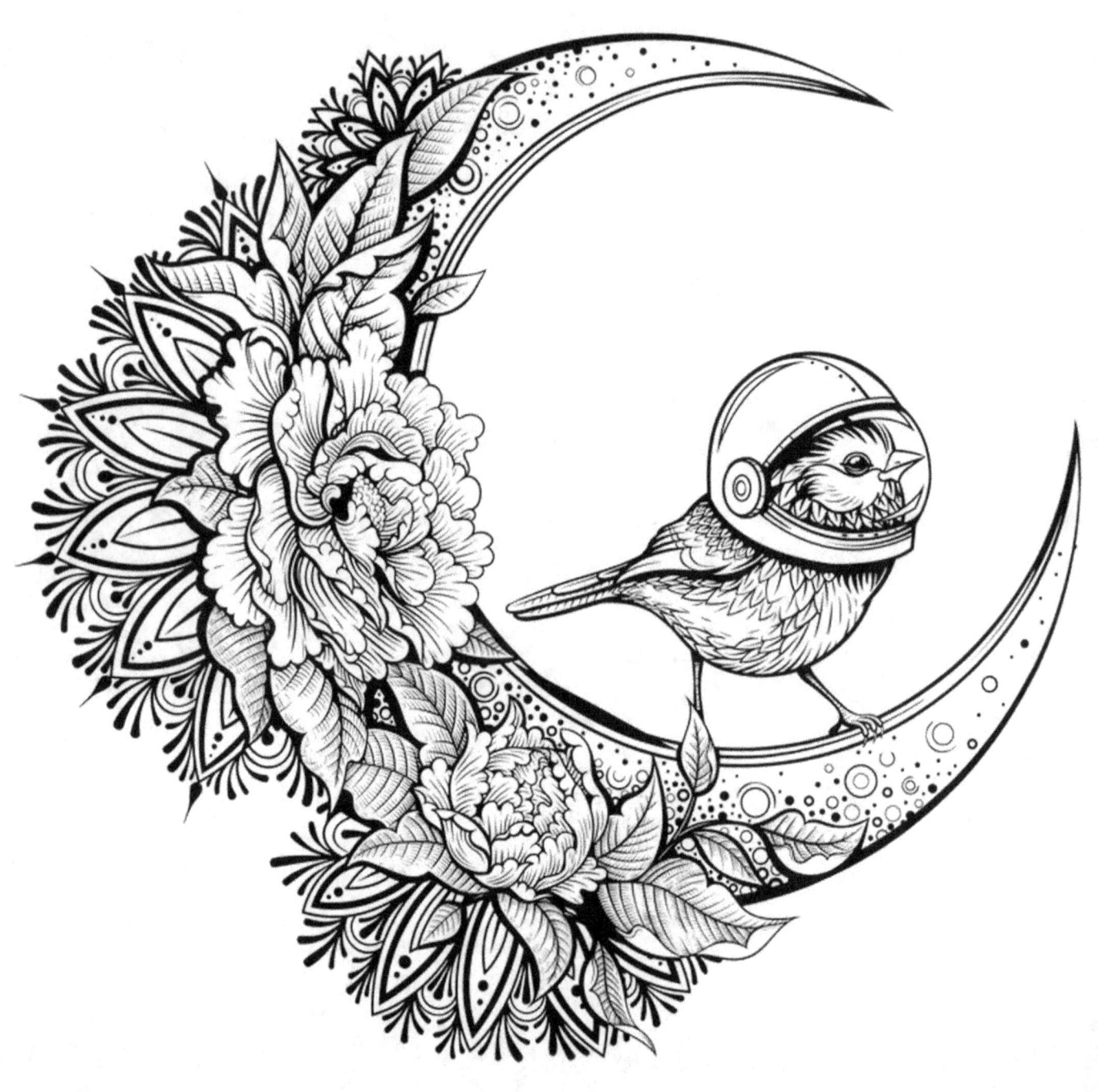

Colora Questa Luna

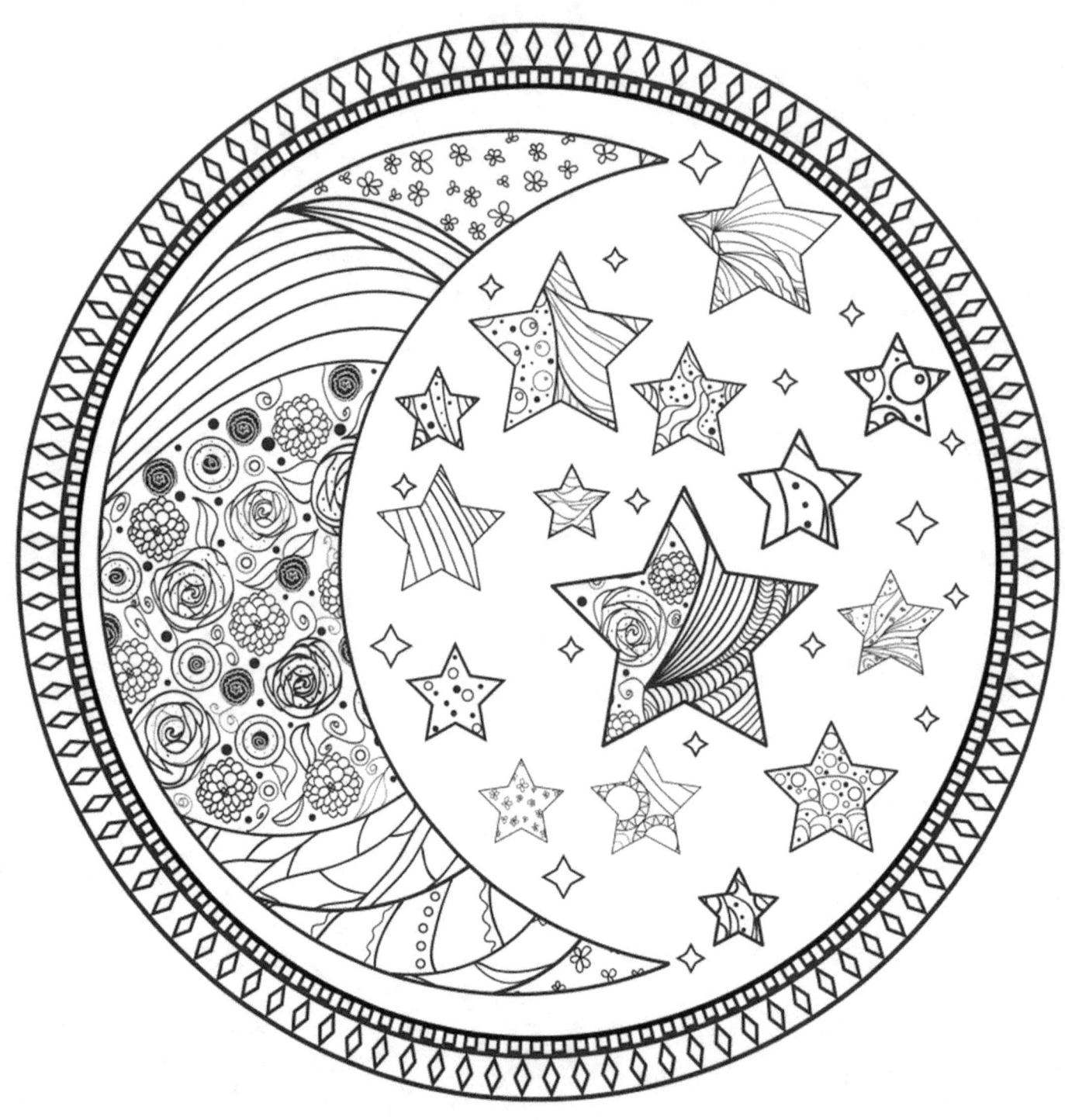

www.ingramcontent.com/pod-product-compliance
Lightning Source LLC
Chambersburg PA
CBHW080531220526
45465CB00006B/2667